小学英语怎样教丛书　　**丛书主编**　施嘉平　　**副主编**　赵柳松

小学英语怎样教——
怎样利用故事教学发展学生的口头表达能力

王红丽　著

上海教育出版社

图书在版编目(CIP)数据

小学英语怎样教:怎样利用故事教学发展学生的口头表达能力/王红丽著.—上海:上海教育出版社,2022.6
(小学英语怎样教系列丛书/施嘉平主编)
ISBN 978-7-5720-1505-2

Ⅰ.①小… Ⅱ.①王… Ⅲ.①英语-口语-教学研究-小学 Ⅳ.①G623.312

中国版本图书馆 CIP 数据核字(2022)第 097074 号

策划编辑　赵柳松　施永琴
责任编辑　李江慧
封面设计　朱博韡

小学英语怎样教——怎样利用故事教学发展学生的口头表达能力
丛书主编　施嘉平　副主编　赵柳松
王红丽　著

出版发行	上海教育出版社有限公司
官　　网	www.seph.com.cn
地　　址	上海市闵行区号景路 159 弄 C 座
邮　　编	201101
印　　刷	上海商务联西印刷有限公司
开　　本	700×1000　1/16　印张 11.5
字　　数	160 千字
版　　次	2022 年 7 月第 1 版
印　　次	2022 年 7 月第 1 次印刷
书　　号	ISBN 978-7-5720-1505-2/G·1202
定　　价	39.80 元

如发现质量问题,读者可向本社调换　电话: 021-64373213

总 序

近年来,小学英语学科教学在广大英语教师、教学研究者和教师培训者坚持不懈的实践与研究中取得了令人瞩目的成绩。无论是新入职的教师、经验型的教师、学者型的教师,还是从事小学英语教学研究的大学教师、教师培训学校(院)的研究员或培训者,都前赴后继地迈向新的目标和高度,积极主动地投入到教学研究中,以期不断优化小学英语课堂教学过程,提升教学品质、提高目标的达成度。

2022年4月,教育部颁布了《义务教育课程方案(2022年版)》,明确了英语作为国家课程开设,起始年级为三年级。有条件的地区可在一二年级开设且以听说为主。同时,教育部颁布的《义务教育英语课程标准(2022年版)》(以下简称《课程标准》)提出"核心素养是课程育人价值的集中体现,是学生通过课程学习逐步形成的适应个人终身发展和社会发展需要的正确价值观、必备品格和关键能力。"

在此背景下,一群在中国小学英语学科教学领域耕耘了二十年以上的研究者和实践者在一起梳理和分享各自的思考、实践和困惑,形成想法,达成共识,并最终形成了《小学英语怎样教》系列丛书。我们希望在新课程背景下,依据《课程标准》,能借助此丛书把来自于国内不同省市在此领域耕耘者的所思、所想、所做沉淀下来,分享给更多对此领域有爱、有梦想的各类学校(院)的教师、研究员、培训者以及有意愿踏入此领域的未来的教师们。

《小学英语怎样教》系列丛书主要内容的选定是各分册主编依据我国社会、科学、经济的发展以及国家政府部门颁布的一系列推进我国中小学英语教学发展的纲领性文件,立足于各自的工作岗位,聚焦优化小学英语教学过程中某一方面的关键问题,带领各自所在区域的工作团队协同工作的结果。为了方便有需求的教师阅读、理解和操作,丛书各分册涉及随着教育改革带来的变化,在我国小学英语课堂教学领域备受关注、亟需突破的一些关键问题,并用"怎样……"作为各分册的书名。如:《小学英语怎样教——怎样利用故事教学发展学生的口头表达能力》为发展低年级学生的口头表达能力提供了新的思路和方向;《小学英语怎样教——怎样利用语篇带动词句教学》为教师提供了语篇带动词句教学的思路、方法和案例;《小学英语怎样教——怎样进行单元整体设计》探讨了素养导向下如何围绕主题意义开展单元整体教学设计;《小学英语怎样教——怎样教词汇》为改变和优化词汇教学的关键环节提供了很多可借鉴的策略和方法;《小学英语怎样教——怎样教自然拼读》为开展小学英语自然拼读教学提供了可操作、可借鉴的思路与实施途径。

  《小学英语怎样教》系列丛书是一套基于小学英语教学中关键问题的解决,关注相关理论与教学实际的链接,聚焦教学设计与实施方法的指导丛书。丛书形成相对统一的框架和结构:各分册以"是什么"对所聚焦的问题作出界定,分析小学英语教学现状,提出解决问题的意义所在;以"如何设计"提供经过实践检验的设计流程,辅以操作要点的说明;以"如何实施"提出课堂教学实施过程中的关注点、操作方法和步骤,并辅以课例分析;以"其他需要关注的问题"就一些在设计或实施时需要给予足够关注的操作点进行了阐述,以进一步完善和优化方法的使用,提升其有效性。

  《小学英语怎样教》系列丛书各分册从构思到出版均经历了由丛书主编、副主编、分册作者反复研讨后确定撰写框架,撰写提纲、样稿、修改稿、定稿。经历了时间跨度长、过程艰苦并快乐着的写稿和磨稿,我们终于迎来了丛书的部分分册的面世。虽然这套丛书源自不同地区、不同层级的教师经过学习、思考、实践、反思后的经验总结与提炼,但它给广大小学英语教师带来了可学习、可借鉴、可操作的方法。

  当然,在进一步深化小学英语教学改革进程中,教学方法的改变或优化没有最好,只有更好。受时间的限制,一旦出版成书,书中所主张的观点、提供的思路和方法都停留在过去,还需要我们通过持续的实践研究,不断加以完善。在此,我们也期待可以得到您对本丛书提出的意见与建议。

感谢丛书所有分册作者对本丛书付出的努力。

感谢丛书副主编、上海教育出版社基础教育第二分社副社长赵柳松老师为本丛书的出版在策划、组织、组稿和审读过程中起到的核心作用和所做的大量工作。

特别感谢上海教育出版社基础教育第二分社的编辑们,因为他们兢兢业业的工作精神、一丝不苟的工作理念以及优秀的组织协调能力,才使本套丛书得以按计划出版。

《小学英语怎样教》系列丛书源于小学英语的课堂教学中产生的问题,得益于小学英语的课堂教学中问题的解决,归于小学英语的课堂教学中效率的提升。它适合正在从事或将要从事小学英语教学的实践者、研究者和培训者阅读和使用。我们期盼它能够在深化小学英语教学改革的进程中起到引领和促进的作用。

施嘉平
2022 年夏

前　言

"英语课程围绕核心素养,体现课程性质,反映课程理念,确立课程目标。核心素养是课程育人价值的集中体现,是学生通过课程学习逐步形成的适应个人终身发展和社会发展需要的正确价值观、必备品格和关键能力。英语课程要培养的学生核心素养包括语言能力、文化意识、思维品质和学习能力等方面。"英语口头表达能力是综合语言运用能力中的一个领域。口头表达能力是小学英语教学的重要内容,也是学生英语学习的起点和能够学好英语的必备能力。对于小学生而言,英语口头表达能力就是自信地用英语介绍自己、朋友和家人,能与他人交流简单的学习与生活信息,初步具备连贯表达的能力。为此,深入探讨发展小学生英语口头表达能力的课堂教学途径就显得尤为重要。目前,我国中小学英语教学仍然存在耗时多、效率低、"哑巴英语"的现状。造成这种现象的主要原因是教学中一味地重视对词、句的读写训练,忽视对学生在实际生活中语言运用能力的培养,尤其是听、说交际能力的培养,从而导致学生不敢说、不愿意说,失去学习英语的兴趣和表达的意愿,难以满足社会发展和交流的需要。

如何有效地促进小学生英语口头表达能力的发展呢？故事教学是一种独特的发展小学生口头表达能力的途径,是改变"哑巴英语"最好的方式之一。构成口头表达能力的要素主要包括组织语言的能力、准确运用语言表情达意的能力和构建语言所需要的思维能力。而故事教学能够帮助学生在课堂学习中有效发展这些能力,从而提高口头表达的质量。学生可以置身于故事情境中开展复述故事、概括大意、分析故事、回答问题、角色扮演等丰富多样的英语口头表达活动,这样使得学生以一种更为轻松的方式习得语言和运用语言。故事教学内容有趣,语言丰富，符合小学生身心发展的特点。通过故事学习英语，能够调动学生学习的积极性，帮助学生获得更多的语言输入，更好地理解语言的意义以及语言的具体使用情况，最终达到发展学生口头表达能力的目的。因此故事教学在发展小学生英语口头表达能力方面有着不可替代的优势。

《小学英语怎样教——怎样利用故事教学发展学生的口头表达能力》是《小学英语怎样教》系列丛书中的一册。

本书编写的整体思路有三个。第一，以问题为导向。为教师教学中遇到的问题提供策略，帮助教师解决问题。本书主要回答了三个问题：什么是小学生英语口头表达能力？如何选择、解读和处理故事教学材料？怎样利用故事教学发展学生的英语口头表达能力？第二，以故事为载体。故事是小学英语教学的重要载体，为学生学习语言知识、提升语言技能、形成学习习惯、养成语言素养提供了内容和情境。第三，以案例为抓手。本书理论结合实践，在阐述理论的基础上，为教师提供大量借助故事教学发展学生英语口头表达能力的案例，指导教师如何基于单元整体教学设计的思路进行故事教学。在此基础上，本书聚焦教学活动如何促进学生口头表达能力形成和发展的过程，并分析有利于促进学生口头能力发展的要素、方法、途径和评价手段，具有很强的指导性和操作性。

第一章明确界定小学生英语口头表达能力的概念并说明为什么要借助故事教学发展该能力。通过《义务教育英语课程标准（2022年版）》以及教育部和国家语言文字工作委员会2018年发布的《中国英语能力等级量表》帮助教师明确口头表达能力的构成，包括口头描述、口头叙述、口头说明、口头论述、口头指示、口头互动等六个方面，并了解各等级的能力表现特征。根据学生年龄以及授课内容的不同，制定口头表达能力的评价标准，使教学活动设计有的放矢。通过对小学生英语口头表达能力以及发展小学生英语口头表达能力的教学现状分析，提出发展小学生英语口头表达能力能激发学生口头表达的动机，提升学生口头表达的输出能力，增强学生学习英语的自信心，为学生发展综合语言运用能力奠定坚实的基础，对学生的终身发展有着深远意义。故事具有生动有趣、图文并茂等特点，因此故事教学具有趣味性、整体性、活动性和育人性。教师在进行故事教学时，需要把握故事的特点，为学生创设口头表达的环境,激发学生口头表达的意愿,提高学生口头表达的质量,从而有效促进学生英语口头表达能力的发展。

第二章介绍了选择、解读和处理故事教学材料的方法。小学英语故事教学材料主要来源于教材、绘本、报刊、网络等。教师应当结合实际教学的具体情况,充分发挥各自优势,为学生选择合适的故事教学材料。在解读故事教学材料时,教师要关注故事的价值取向、文本特征、推进主线三个方面,从八个视角对故事教学材料细致解读:整体把握,梳理故事主线;研读图文,解析故事情境;对比辨析,定位角色特征;找准冲突,预测故事情节;深入理解,定位故事主题;基于学情,创编故事内容;围绕主题,解析知识结构;综合考量,精准制定目标。在处理故事教学材料时,要遵循趣味性、育人性、整体性的原则,对故事教学材料的篇幅、难度、结构进行调整。根据故事教学材料的特点定位故事教学对发展学生口头表达能力的支撑作用,为有效开展故事教学和发展学生的口头表达能力做好充分准备。

第三章介绍了借助故事教学提高学生口头表达能力的具体实施方法。首先,基于学生的认知基础、基于单元话题与功能、基于单元预设目标、基于单元核心内容的单元整体设计对故事教学进行定位。教师可以从单元主题的整体角度来确定教学目标,将英语学科的教学内容以单元为基本单位进行教学。充分考虑语言学习的渐进性和持续性,根据学生认知特点和教材板块内容,围绕单元话题,合理划分课时。采用多种故事教学路径,设计有梯度的口头表达活动和教学活动,使故事教学目标在单元整体教学中有序达成,从而促进学生口头表达能力培养和发展的整体性、渐进性和持续性。其次,介绍了故事教学的实施策略。在故事教学的读前、读中、读后三大主要阶段借助不同途径有效发展学生的英语口头表达能力。第三,教师应当确定故事教学的具体语言目标和教学要求,设计各种教学活动推进语言教学,提升学生的口头表达能力。常见的故事教学活动有跟读模仿活动、故事复述活动、角色扮演活动等,帮助学生学习、理解和讲述故事,提高口头表达能力。针对不同类型的故事教学材料,在不同的故事教学阶段,教师都应抓住时机,采用适当的、多样化的活动形式,促进学生英语口头表达能力的形成和发展。学生不仅可以跟读模仿、自主交流，还可以根据教师搭建的各种支架做角色扮演、改编或创编故事，在循序渐进的操练中，由词成句、由句到段，逐步提升用英语思维的能力和口头表达的能力。

  第四章是关于故事教学其他需要关注的问题。在故事教学过程中，需要针对学生的口语表达进行有效的教学评价，激励学生。教师需要转变传统的作业观念，进行有效的作业设计。另外还需要对课堂教学进行必要的课外延伸，开展丰富的课外活动。本章针对以上内容为教师提供了教学评价的原则与方式、不同类型的作业案例以及实施课外活动的方式。

  第五章选取了来源于教材、绘本、报纸等的四个故事教学案例。案例从小学低、中、高三个年段来进一步探究如何基于单元整体教学、根据故事流程图，促进学生对故事内容的理解和对语言的运用，帮助学生深入了解故事材料的内涵，从而提升学生的英语口头表达能力。

  本书采用的教学案例均来自于一线教学实践，是众多英语教师经过多年摸索和尝试之后总结出的成功经验，并在教学实践中得到检验、取得了明显的效果，能有效地帮助教师解决怎样发展小学生英语口头表达能力等困惑问题。从理论层面帮助教师明确口头表达能力的概念、构成以及评价标准，知晓发展学生口头表达能力的教学现状及发展学生口头表达能力的意义。从实践层面为教师提供故事材料来源以及解读、处理故事教学材料的具体方法，通过案例分析带领教师实施故事教学。教师可以在示范案例的指导下，根据故事教学材料的难易程度和体裁特点等，结合学生的认知水平和生活经验等，选取丰富多彩又适切的活动开展故事教学，从而充分激发学生阅读故事的兴趣，引导学生体验、理解并运用故事语言，开展基于故事主题和语境的英语口头表达，提高故事教学的有效性，促进学生英语口头表达能力的提升。

  在本书内容的撰写过程中，王炳琦、吴丽娜、庞文娅、苗锐仙、赵莉、韩敏等提供了坚定的支持和热情的帮助，在此表示诚挚的谢意。

王红丽

目 录

第一章 什么是小学生英语口头表达能力

第一节 如何界定小学生英语口头表达能力 ········· 2
　一、英语口头表达能力的概念 ········· 2
　二、英语口头表达能力的构成 ········· 3
　三、小学生英语口头表达能力的评价标准 ········· 5

第二节 为什么要发展小学生英语口头表达能力 ········· 8
　一、小学生英语口头表达能力的现状分析 ········· 8
　二、发展小学生英语口头表达能力的教学现状 ········· 9
　三、发展小学生英语口头表达能力的意义 ········· 10

第三节 为什么要借助故事教学发展英语口头表达能力 ········· 11
　一、故事教学的特点 ········· 11
　二、故事教学对发展小学生英语口头表达能力的意义 ········· 13
　三、故事教学对发展小学生英语口头表达能力的作用 ········· 16

第二章 如何选择、解读和处理故事教学材料

第一节 故事教学材料的主要来源 ········· 22
　一、基于教材的故事教学材料 ········· 23
　二、基于绘本的故事教学材料 ········· 24
　三、基于报刊的故事教学材料 ········· 25
　四、基于网络的故事教学材料 ········· 25

第二节 如何解读故事教学材料 ········· 27

一、关注故事的价值取向 ···································· 27
  （一）基于社会主义核心价值观的故事价值取向········ 28
  （二）基于中国学生发展核心素养的故事价值取向····· 28
二、关注故事的文本特征 ···································· 31
  （一）故事的构成要素 ···································· 31
  （二）故事的语言特点 ···································· 35
  （三）故事的图文关系 ···································· 37
三、关注故事的推进主线 ···································· 40
  （一）故事的主线是什么 ·································· 41
  （二）故事的主线有哪些类型 ····························· 42
四、解读故事教学材料的视角 ······························· 42
  （一）整体把握，梳理故事主线 ·························· 42
  （二）研读图文，解析故事情境 ·························· 43
  （三）对比辨析，定位角色特征 ·························· 45
  （四）找准冲突，预测故事情节 ·························· 48
  （五）深入理解，定位故事主题 ·························· 50
  （六）基于学情，创编故事内容 ·························· 51
  （七）围绕主题，解析知识结构 ·························· 53
  （八）综合考量，精准制定目标 ·························· 55

第三节 如何处理故事教学材料 ······························· 58
一、处理故事教学材料的原则 ······························· 58
  （一）趣味性原则 ··· 58
  （二）育人性原则 ··· 59
  （三）整体性原则 ··· 60
二、处理故事教学材料的方法 ······························· 61
  （一）调整故事的篇幅 ···································· 61
  （二）调整故事的难度 ···································· 62
  （三）调整故事的结构 ···································· 63
三、故事教学对发展口头表达能力的支撑作用 ············· 65

第三章　怎样借助故事教学发展学生的英语口头表达能力

第一节　怎样定位故事教学 …………………………… 72
一、基于学生的认知基础 …………………………… 72
二、基于单元话题与功能 …………………………… 75
（一）梳理单元与课时之间的关系 ………………… 75
（二）明确单元目标下各板块的任务 ……………… 78
三、基于单元预设的目标 …………………………… 80
四、基于单元核心内容 ……………………………… 82
（一）预设口头表达活动 …………………………… 82
（二）设计故事教学路径 …………………………… 83
（三）设计故事教学活动 …………………………… 84
（四）制定评价标准 ………………………………… 87

第二节　何为故事教学的基本流程 …………………… 89
一、故事教学的基本流程 …………………………… 89
二、故事教学的实施策略 …………………………… 90
（一）读前阶段的实施策略 ………………………… 90
（二）读中阶段的实施策略 ………………………… 95
（三）读后阶段的实施策略 ………………………… 107

第三节　常见的故事教学活动 ………………………… 118
一、跟读模仿活动 …………………………………… 118
二、故事复述活动 …………………………………… 119
三、角色扮演活动 …………………………………… 120

第四章　其他需关注的问题

第一节　关于教学评价的问题 ………………………… 124
一、教学评价的原则 ………………………………… 124
二、教学评价的方式 ………………………………… 125

第二节　关于作业设计的问题 ·· 131
　　一、实践性口头作业 ·· 131
　　二、准备性口头作业 ·· 132
　　三、拓展性口头作业 ·· 133
　　四、创造性口头作业 ·· 135
　　五、探究性口头作业 ·· 136
第三节　关于课外活动设计的问题 ·· 138
　　一、开展课外活动的必要性 ·· 138
　　二、实施课外活动的方式 ·· 138

第五章　案例分析

一、案例一：I Can Help（适用于小学一、二年级）···················· 146

二、案例二：Huge and Tiny（适用于小学三、四年级）················ 150

三、案例三：Monster Reading Buddies（适用于小学五年级）········· 156

四、案例四：Rudolf's big, red nose（适用于小学六年级）············· 160

参考文献 ·· 166

第一章
什么是小学生英语口头表达能力

第一节 如何界定小学生英语口头表达能力

一、英语口头表达能力的概念

人们对口头表达能力的不同理解直接影响口语教学的效果。早期,有学者认为语言教学就是帮助学生发展语言能力(linguistic competence),教学专注于帮助学生掌握语音、词汇和语法。20世纪70年代中期,语言学家开始把语言能力看作是交际能力的一部分。桑德拉(Sandra J. Savignon)认为交际能力是语言学习者与其他说话者互动、表达意义的能力,它区别于做语法知识选择题的能力。学习者要获得较强的交际能力还需要了解语言使用的社会文化环境。休斯(Rebecca Hughes)认为与口头表达能力密切相关的因素为全球话语水平、结构水平和语音生成水平。全球话语水平就是说话人在不同的环境下恰当使用语言的能力。结构水平是看用词是否恰当、语域是否正式等。而谈到语音生成水平,人们通常会想到语音是否准确。语音又包括单音、音高、音量、停顿、重音、节奏等多个层面。

有语言学家认为口头表达能力是指我们能在不同语境中恰当利用词汇、语音、句法等语言知识与他人进行具有连贯性、逻辑性和礼节性并且能够传达预期意义的交际对话。在进行英语口语教学之前,教师需要先明确中国学生口头表达能力的概念及发展要求,这样才能做到有的放矢。

针对中国英语学习者和使用者,教育部和国家语言文字工作委员会于2018年发布了《中国英语能力等级量表》(以下简称《能力量表》)。其中对语言能力(language ability)及语言表达能力(language production ability)的概念做了界定。语言能力是指"语言学习者和使用者运用自己的语言知识、非语言知识以及各种策略,参与特定情境下某一话题的语言活动时表现出来的语言理解能力和语言表达能力"。语言表达能力是指"语言学习者和使用者运用语言表达意义的能力,包括口头表达能力和书面表达能力"。

现代社会的发展对人的口头表达能力提出了越来越高的要求。卜玉华著的《"新基础教育"外语教学改革指导纲要(英语)》对小学阶段口语教学特点作出分析:小学阶段,低年级学生口语交际的内容主要是以功能为线索进行划分,如打招呼、请求、问候、建议、阻止、邀请等。约从四年级开始,结合具体话题开展的口语教学线索逐渐明晰,比如介绍自我、朋友、家人、季节、交通、爱好、食品等。这个阶段要求学生能借助音频、图片、实物、表演等线索,进行模仿式唱、演、说、对话等。五六年级时口头连续表达的数量在8句左右。对于小学生而言,英语口头表达能力就是初步具备连贯表达的能力,能自信地用英语介绍自己、朋友和家人,能与他人交流简单的学习与生活信息。为此,深入探讨发展小学生英语口头表达能力的课堂教学途径显得尤为重要。

二、英语口头表达能力的构成

英语口头表达能力是综合语言运用能力的一个领域。口头表达能力不是单独发展的,而是依赖于听、读和写能力的协调发展。听、说、读、写在语言学习和交际中相辅相成、相互促进。然而,口头表达能力只有经过严格的、系统的反复训练才能形成。《义务教育英语课程标准(2022年版)》(以下简称《课程标准》)在"语言能力学段目标"中表达与交流的二级目标包括:能围绕相关主题,运用所学语言,与他人进行简单的交流,表演小故事或短剧,语音、语调基本正确;在书面表达中,能围绕图片内容或模仿范文,写出几句意思连贯的话。《能力量表》指出:"中国英语学习者和使用者的英语语言能力从低到高分为一至九个等级,归为基础、提高、熟练三个阶段。能力分处三个阶段的学习者和使用者,分别称为初级学习者和使用者、中级学习者和使用者、高级学习者和使用者。"(见表1.1)在语言表达能力的描述框架中,口头表达能力包括口头描述、口头叙述、口头说明、口头论述、口头指示、口头互动等六个方面(见表1.2)。

表1.1 《能力量表》英语语言能力等级

能力发展阶段	能力等级
熟练阶段 （高级学习者和使用者）	九级
	八级
	七级
提高阶段 （中级学习者和使用者）	六级
	五级
	四级
基础阶段 （初级学习者和使用者）	三级
	二级
	一级

表1.2 《能力量表》语言表达能力描述框架

语言表达能力	口头表达能力	口头描述
		口头叙述
		口头说明
		口头论述
		口头指示
		口头互动
	书面表达能力	书面描述
		书面叙述
		书面说明
		书面论述
		书面指示
		书面互动

《课程标准》和《能力量表》可以帮助教师明确口头表达能力的构成，了解各等级的能力表现特征，进而促进学生口头表达能力健康、有效发展。

三、小学生英语口头表达能力的评价标准

《课程标准》对小学生英语口头表达能力提出了相关要求。其中在"语言技能内容要求（二级、二级＋）"中关于表达性技能的内容要求包括：运用所学的日常用语与他人进行简单的交流，如询问个人基本信息；完整、连贯地朗读所学语篇，在教师指导下或借助语言支架，简单复述语篇大意；围绕相关主题和所读内容进行简短叙述或简单交流，表达个人的情感、态度和观点；在教师帮助下表演小故事或短剧；简单描述事件或讲述简单的小故事；结合相关主题进行简短的主题演讲，做到观点基本明确，逻辑比较清楚，语音正确、语调自然；结合主题图或连环画，口头创编故事，有一定的情节，语言基本准确。

"口头表达能力具体表现为说话人在分析情境、参与者、表达目的、交流渠道等语境因素的基础上，恰当地运用语言知识和交际策略，有效地完成口语交际任务，实现交际目的。"《能力量表》对小学英语学习者和使用者的口头表达能力划分一级至三级三个能力等级，并对每一个等级制定了明确、具体、可操作性强的标准，适用于英语测评，可供英语教学、学习及其他参考（见表1.3）。

表1.3 《能力量表》口头表达能力一至三级标准

能力等级	口头表达能力标准
三级	能就熟悉的话题与他人进行简单交流，语音、语调和时态基本正确，表达比较连贯。 能在学习或工作中，借助他人帮助参与小组讨论。 能用简短的表达进行交流，必要时采用间接解释、重新措辞等策略完成交际任务。

续 表

能力等级	口头表达能力标准
二级	能用简单的语言进行基本的日常交流,发音清楚,语调基本正确、自然。 能经过准备作简短的口头陈述或叙述,使用替代词等手段解释自己不会直接表达的信息。 能借助提示进行简单的描述,如熟悉的人、事物、地方等。
一级	能说出常见事物的名称。 能简单表达个人喜好、介绍自己或熟悉的人,必要时用指示代词或肢体动作来辅助表达。 能在有帮助的情况下参与简单的交际活动,必要时能用简单的词汇要求对方重复。

下面通过一个具体的课例来了解如何根据《课程标准》和《能力量表》确定小学生英语口头表达能力的标准。

案例

在教授教材*五年级上册 Unit 8 的故事"Alice in Wonderland"时,根据故事内容及五年级学生的年龄特点,参考《课程标准》要求及《能力量表》中的口头表达能力标准以及口头表达能力自我评价量表,设计该故事教学中口头表达能力评价标准,如表 1.4 所示。

表 1.4　故事"Alice in Wonderland"的学生自评设计

教学内容	故事"Alice in Wonderland"
授课年级	五年级
课标要求	简单描述事件或讲述简单的小故事;表达个人的情感、态度和观点;在教师帮助下表演小故事或短剧。
能力等级	二级
口头叙述能力标准	能经过准备,讲述故事"Alice in Wonderland"。 能借助课文图片或别人的帮助,将故事"Alice in Wonderland"改编成对话表演或讲述该故事,并能拓展到叙述自己经历的一些事情。

---

* 本书所涉及教材,除特别注明的外,均为上海教育出版社出版的《英语(沪教版)》教材。

续 表

口头论述能力标准	能根据文字提示或在他人的帮助下,简单表达个人对"Alice in Wonderland"中主人公 Alice、Rabbit 的评价,以及在剧情发展过程中提出自己的观点。
口头表达能力评价标准	我能经过准备作简短的口头陈述,能复述故事"Alice in Wonderland"或想象故事的后续发展,并进行续编。 我能在课堂中根据文字提示或借助老师的帮助,简单表达自己对主人公 Alice 的看法。

教师应该根据学生的年龄差异以及授课内容的不同,结合《课程标准》和《能力量表》,制定口头表达能力的评价标准,让教学活动设计有的放矢。

 小结

英语口头表达能力是交际能力的一部分,其评价标准是由口头描述、口头叙述、口头说明、口头论述、口头指示、口头互动等六个方面构成。小学生必须通过大量的专项和综合性语言实践活动,才能促进这六个方面共同发展,提高口头表达能力。在课堂教学过程中,教师要依据《课程标准》和《能力量表》不同级别的要求设计活动,以评价促进学生口头表达能力的发展。

第二节　为什么要发展小学生英语口头表达能力

一、小学生英语口头表达能力的现状分析

口头表达能力是小学英语学科重要的教学内容，也是学生英语学习的起点。在现实中，传统的课堂教学偏重于教师讲、学生听。学生虽然普遍存在较强的交际需求，交际意愿却相对较弱，个体间的差异比较大。

在小学低年级起始阶段，大部分教师和学生都认为英语口头表达能力很重要。但是，有少部分学生对英语口头表达没有兴趣。笔者曾对小学三年级的任课教师及学生进行问卷调查，通过对结果的综合分析，对小学三年级学生英语口头表达的状况得出如下结论：大部分学生愿意主动用英语进行表达，学习兴趣浓厚。那些对口头表达没兴趣的学生，由于自己的发音不准确、语调沉闷以及词汇有限等原因，失去了自信，失去了张口说英语的勇气。从内心来讲，他们并不抵触说英语，但由于环境和学习条件的限制，不少学生既想说英语又怕说英语，特别是那些听不懂说不出的学生。

在小学中高年级阶段，很多学生上英语课不主动举手回答问题，即使回答问题也是吞吞吐吐，或者声若蚊蝇。他们口头表达的欲望与能力远不如在三、四年级阶段。为什么年龄增长了，知识量、词汇量增多了，而学生的口头表达能力却下降了呢？大致有如下原因：一些内向的学生羞耻心增强，怕说错了被教师指责、被同学嘲笑；听力差，不能迅速听懂教师的问题并及时作出回应；教师更加注重知识点、语法的教学，忽视了对学生口头表达能力的培养。

二、发展小学生英语口头表达能力的教学现状

小学阶段作为学生系统学习英语的起点,充分利用和把握住这个时期提高学生的英语口头表达能力,是英语教学的重要目标。但是由于教学过程中各种客观因素的限制,目前我国小学阶段的英语口语教学仍然存在着各种问题。

教师忽视对学生口头表达能力的培养。教师的教学很大程度受评价制度的影响。在现阶段,重读写、轻听说的观念仍然根深蒂固。这也就造成了教学偏向于读写,看重笔试成绩,而忽视学生学科综合能力和实际英语运用水平的提高。在教学中,教师为了让学生的笔试成绩有所提高,一味地训练学生的读、写能力,却忽略了对学生口头表达能力的培养。

教师缺少培养学生口头表达能力的策略与实施办法。当前,小学英语口语教学效果并不显著。在改进口语教学的过程中,加强对小学生英语口头表达能力培养策略和实施办法的研究,对于提高小学生英语口头表达能力以及改进小学英语口语教学的现状都有着重要意义。大部分教师并不明确小学生英语口头表达能力具体包括哪些能力,如何来培养这些能力,教师又如何评价学生的口头表达能力等。这些都是困扰小学英语教师且急需解决的现实问题。

教师自身英语学科专业素养不达标。教师作为教学工作中的关键角色和重要因素,对学生英语学习的最终结果有着极大的影响。要想教学工作达到标准和要求,首先要保证的就是英语教师的专业素养和专业能力的达标。但是,我国仍然有很大一部分学校的师资力量不足,英语教师的个人专业素养不达标,教师个人的英语口头表达不够地道和流畅,发音习惯和口音处理也存在问题和不足。在这种情况下,他们不能够给学生的口头表达作出正确积极的引导和带来有效的帮助。同时,在课堂教学的时候,很多英语教师通过翻译教学法向学生进行知识灌输,用汉语思维习惯去学习英语,易给学生作出"中国式英语"的错误表达示范。

三、发展小学生英语口头表达能力的意义

随着对外交流的日益广泛和深入,英语口头表达能力的重要性也日渐显著。对正处于语言学习关键期的小学生而言,对其进行科学合理的英语口头表达能力培养是尤为必要的。

发展小学生英语口头表达能力有利于增强他们学习英语的自信心。在现实中,很多学生语音不准,语感弱,开口难、难开口。随着年级的升高,他们的听说能力没有明显的进步,出现了许多有口头表达障碍的学生。长期下去,势必会导致学生丧失学习英语的兴趣,失去进一步学习英语的自信心,给学习英语带来不利因素。因此,我们应该发展和提高学生的英语口头表达能力,增强他们学习英语的自信心。

发展小学生英语口头表达能力有利于提高他们的综合语言运用能力。《课程标准》规定学生应通过英语课程的学习发展语言能力。能够在感知、体验、积累和运用等语言实践活动中,认识英语与汉语的异同,逐步形成语言意识,积累语言经验,进行有意义的沟通与交流。在小学英语口语教学中,我们提倡"突出听说,重视模仿",这符合学习语言的自然规律。听是说的前提,说是口头表达能力的体现。学习口头表达有助于学习书面表达,是学习读和写的前提。发展口头表达能力有利于培养学生学习语言的良好习惯,从而有利于提高学生综合语言运用能力。

小结

小学阶段英语教学的目标首先是培养学生学习英语的兴趣,并在语音、听力、口语等方面打下一定的基础。但由于环境和学习条件的限制,部分小学生存在"哑巴英语"现象,口头表达能力不强。而英语口语教学存在着各种问题。基于此现状,发展学生英语口头表达能力,激发学生口头表达的学习动机,提升学生口头表达的输出能力,可以增强学生学习英语的自信心,为学生发展综合语言运用能力奠定坚实的基础。

第三节　为什么要借助故事教学发展英语口头表达能力

一、故事教学的特点

（一）什么是故事教学

"故事是一种叙事手法，是一种文学体裁，是人类储存和传播知识、文化以及价值观的媒介，是儿童习得自然和社会运行原则的重要渠道。"一般地讲，故事就是叙事。无论是把真人所经历的真事叙述出来，还是把想象中的人所经历的想象中的事叙述出来，都是故事。不论叙事涉及人，还是涉及动物或植物或其他事物，叙述他（它）们的经历，都称之为故事。

一般认为，故事式教学方法是一种行之有效的小学英语教学手段。施嘉平在《小学英语课堂教学设计》一书中对故事式教学方法进行界定，指出故事式教学方法就是注重在教学中运用故事这一文本体裁，将教学内容有机地组织起来进行整体理解，有助于学生学习语言。薛莲花认为故事式教学方法是教师在教学实施过程中，借助针对性的故事来串联教学过程，从而能顺利达到和完成教学目标的一种积极的教学方法，它能充分调动学生参与课堂教学活动的积极性，提高学生的英语学习兴趣，最终提高课堂教学效率，尤其在新世纪的小学英语教学中，它更是起着促进教学和全面展开素质教育的主导性作用。王蔷认为外语教学中的故事教学并非指简单地讲故事，而是以故事为素材，利用故事丰富的情境和趣味性，开展与故事相关的多种教学活动，促进学生外语语言能力、思维能力、想象力等多种素养协同发展的教学策略。

（二）故事教学的特点

综上所述，笔者认为故事教学具备以下特点。

故事性和趣味性。 无论是从概念还是从要素来看，故事最显著的特点都是鲜明的故事性。小学阶段的故事教学选取的更应是完整而有趣的叙事故事。"完整"指的是有头有尾，"有趣"主要体现在它们的矛盾冲突上。有矛盾冲突的故事才会有波澜起伏，才会吸引人去听、去读、去讲、去演。因此，故事教学是儿童教育的最佳形式之一。借助故事开展教学，可以极大程度上激发学生的好奇心，为学生的语言学习提供积极的心理准备。而且故事描述的往往是学生非常熟悉和感兴趣的内容，这有利于激起学生的共鸣，唤起他们表达的欲望。

整体性和重复性。 故事具备完整的语言情境，能够将词汇、语法等语言知识有机地串联起来。故事教学有效避免了传统讲授法中脱离篇章和情境，孤立学习和机械操练词汇、语句的现象。学生可以结合故事情节和在图片的辅助下，在情境中理解和运用语言，避免了中文解释。而大多数的小学英语故事语言重复性很高，增加了输入频率，有助于教师设计连续性的教学活动，便于学生习得和学得语言。

活动性和实践性。 小学英语故事教学的活动设计是各种各样、丰富多彩的。其中，听故事是意义建构的过程，读故事是语言输入的重要途径，讲故事和演故事都是语言输出的有效途径，写故事则是系统输出语言知识的重要途径。通过多样的教学活动，学生可以调动眼、耳、口、手等多种感官，不断促进语言内化，从而达到熟练掌握的程度。

启发性和育人性。 在故事教学中，学生可以基于故事情境，体验、表达和调整自己的情感。故事教学对学生的情感成熟具有重要作用。同时，通过听、讲、编和表演故事，能让学生更好地了解世界、了解历史、了解中外文化差异，从而增强文化意识。此外，故事一般都富含哲理，有利于激发学生深入思考，促进学生在思考、表达、讨论、评价等活动中逐渐形成积极健康的价值观。

二、故事教学对发展小学生英语口头表达能力的意义

王蔷在《英语教学法教程》中列举了口语教学的七条原则,其中包括平衡以准确为基础的练习和以流畅为基础的练习,情景化练习,个性化练习,建立自信,最大化有效互动,帮助学生发展口头表达策略和充分利用课堂学习环境为学生提供足够的语言输入和练习等。故事教学的特点与这些原则不谋而合。

掌握一门外语并用来进行表达并不是一件容易的事。小学生在用英语进行口头表达时经常会出现因紧张而出错的情况。随着年龄的增长,他们越来越在意同学和老师对自己的评价,可能会因为怕说错或者怕别人笑话自己而不敢开口表达。这些因素制约了学生口头表达能力的发展。而故事教学中引人入胜的故事情节和丰富多彩的活动,对于激发学生的表达意愿有着积极的作用。

1. 新颖有趣、易于理解的故事内容可以增强学生的口头表达意愿

新颖有趣的故事内容容易激发学生的好奇心。心理学研究表明,新颖的东西能激发人的兴趣,吸引人的注意力。现代认知心理学认为,通过引起学生认知上的不和谐能引发学生的好奇心,激发其学习兴趣。故事教学能唤醒小学生的童真,发散思维,启发灵感,有助于避免学习中产生的枯燥感,最终激发他们的学习兴趣。

同时,故事图文并茂,富含情境,和学生的生活紧密相关。这些具体的内容更容易在学生的经验背景中引起共鸣,从而形成丰富的联想,大大增强故事的可理解性,降低语言学习的难度。口头表达是一种输出,而输出的前提是有效的输入。增强英语教学材料的可理解性才能激发学生的口头表达意愿。建构主义学习理论指出,学习材料的意义性和具体程度都会影响到学习者的理解。故事主题明确、富含哲理,是意义性很强的学习材料。因此,在课堂教学中,生动有趣、充满想象力的故事常常会让很多平时不敢开口的学生跃跃欲试,克服开口说英语的畏难情绪。

2. 丰富多样的教学活动能够激发学生口头表达的动机

故事教学活动通常包括听故事、讲故事、表演故事等。由于学生在母语环境中有相似的经验,这些活动对孩子们有着一种天然的吸引力,总是能让他们充满兴趣。相关研究表明,在学生缺乏学习动力、没有明确的学习目的的情况下,可以利用游戏或其他科技、文体活动等学生的兴趣爱好,使它们与学习产生联系,把这些活动的动机转移到学习上,从而使学生产生对学习的需要。教师可以借助丰富有趣的活动,让更多学生愿意参与到故事学习中来,帮助学生将参加活动的强烈动机逐渐转化为口头表达的动机和意愿。

3. 故事教学有利于为学生创设口头表达的环境

传统的课堂教学以师生互动为主要互动方式。这种方式以教师讲授为主。这使得学生处在一种非常被动的状态,因为学生只有在被提问或点名的时候才能够获得表达或者演示的机会。而且,这种师生互动一般不能让所有学生参与。英语教学中的阅读和写作都是比较适合个体学习的活动,而故事教学中的听故事、讲故事、演故事等活动是非常适合所有学生参与和分享的活动,因为这些活动很容易激发学生的喜怒哀乐等情感体验,吸引更多学生参与。此外,学生在活动中会更加关注故事的情节和趣味性,对同学的语言表达错误会比单纯的语言练习中的错误宽容得多。这样的氛围不仅有利于激发学生的学习兴趣,更有利于促进学生的社会情感的发展,为学生的口头表达创设了良好的环境。

构成口头表达能力的要素主要包含组织语言的能力、准确运用语言表情达意的能力和构建语言所需要的思维能力。教师可以利用故事教学帮助学生在课堂中有效发展这些能力,从而提高口头表达的质量。

1. 利用故事的整体性和重复性进行故事教学有利于帮助学生更好地组织语言

施嘉平(2010)认为教师给学生呈现一个故事背景,将教学内容渗透在故事的叙述中,使得语段、句型及单词的学习不再孤立,充分让学生感受到语言文本整体的真实含义,这对于学生形成最终的英语语言输出能力是非常有帮助的。同时,情境是故事发生的时间、地点和环境条件,是语言表达的意义赖以生成的首要条件。在故事教学中利用故事的背景和丰富生动的情境,让学生在口头表达中能够根据不同交际场合及交际意图灵活选择相应话语,提高组织语言的能力。

王蔷在《小学英语分级阅读教学:意义、内涵与途径》一书中指出,故事,尤其是在分级故事读物中,词汇和句型经常重复出现。这使学生能在愉悦、轻松的氛围中理解、获取和习得知识。故事的这种特点使得故事学习成为一种优质的语言输入途径,同时,讲、演故事是一种重要的语言输出练习。可见,故事语言的重复性不仅能够丰富口头表达的内容,也能够提高口头表达的准确性。

2. 利用故事的故事性和趣味性进行故事教学有利于学生更好地表情达意

准确运用语言表情达意的能力主要体现在表达时能准确运用正确的语音和语调。故事对于孩子有一种天然的吸引力,孩子们喜欢重复听故事、读故事,这为他们的英语学习提供了大量的语言输入。《课程标准》指出:"语言技能分理解性技能和表达性技能,具体包括听、说、读、看、写等方面的技能及其综合运用。听、读、看是理解性技能,说、写是表达性技能。理解性技能和表达性技能在语言学习过程中相辅相成、相互促进。"语言学习需要大量的输入。重复听故事、读故事等活动为学生的语言输入提供了"量"的支持。

朱培育(2019)提出,故事教学法的应用是改变"哑巴英语"最好的方式。在实际教学中,教师运用英语给学生讲故事,能使学生在听故事的过程中学到很多英语语音、语调等方面的知识。语音语调是口头表达能力的基础。现在很多英语故事不仅配有发音纯正的音频,有的还配有活泼有趣的动画。故事教学中这些高质量的多媒体内容为学生的语言输入提供了"质"的保障。

此外,小学生特别喜欢模仿和表演。他们在表演故事的活动中不仅能够模仿故事人物的语音语调,还能模仿人物夸张的表情和动作。

表演故事和有感情地讲故事等活动能够有效促进学生运用丰富的表情和肢体动作等非语言因素来表情达意。教师在故事教学中可充分利用表情、动作等非语言手段,有效提高小学生的英语口头表达能力。

3. 利用故事的启发性和育人性进行故事教学有利于激发学生的思维能力

故事能够激发想象力。学生往往是以自己的生活经验来理解故事人物和解读故事图片的,这个过程充满了想象力。同时,故事是在虚幻世界和现实生活之间架起了一座桥梁。它能够帮助学生更好地理解自己的生活。这些过程无不闪耀着思维的火花。语言是思维的工具,只有能够激发思维的语言材料才能从根本上激发学生口头表达的动机。同样,也只有承载着思维的语言才有表达的价值。

深刻的故事可以引发热烈的讨论。故事一般富含哲理,容易引发学生深入思考。对于同一个故事,不同的学生会有不同的感受。对故事的讨论和评价容易促进学生的思考和表达,在激发思维能力的同时促进生成更加丰富的口头表达。

三、故事教学对发展小学生英语口头表达能力的作用

小学阶段英语学习要尝试阅读英语故事及其他英语课外读物。采用故事教学的基本原则可以是"寓教于乐"。故事教学的特点可总结如下:"故事教学基于《课程标准》,以学生为中心。在教学目标上,重兴趣激发,重信心培养,重语感,重交流能力;在教学实施上,重环境、重效率、重体验、重参与、重实践、重创造;在教学评价上,重态度、重参与、重交流能力。"故事教学在发展小学生的口头表达能力的过程中占据举足轻重的地位。

故事教学是一种独特的发展小学生口头表达能力的教学途径,通过故事创设不同的英语语境,并通过模拟场景进行互动练习,最终使学生学会恰当利用词汇、语音、句法等语言知识与他人沟通,使小学生以一种更为自然的方式习得语言。故事教学内容有趣、语言丰富,符合小

学生身心发展的特点,能够调动学生学习的积极性,帮助学生获得更多的语言输入,从而更好地理解语言的意义以及语言的具体使用情况,最终达到发展学生口头表达能力的目的。

故事教学作为一种特有的教学方法,其生动、形象的特性很容易吸引学生,激发学生的学习兴趣,有很强的实践意义。故事教学对发展学生口头表达能力的作用具体表现为以下两点。

(一) 故事教学能激发学生口头表达的意愿

1. 故事图文并茂,趣味性强,让学生有话"想"说

科学研究表明,在整个小学时期,学生注意力集中的能力是逐步发展的。低年级学生注意力的集中性水平较低,主要表现在两个方面。其一,注意力集中的深度不足。他们能观察具体形象的事物,而不善于观察抽象、概括的材料;能集中注意力于事物的外部现象,而不善于关注事物的本质联系。其二,注意力集中的时间较短。在一般情况下,7~10岁的儿童可以连续集中注意力20分钟左右,10~12岁的儿童可以集中注意力25分钟左右,12岁以上的儿童可以集中注意力30分钟左右。

绘本故事阅读实际上是最适合小学生阅读的一种形式。儿童心理学研究认为,孩子认知图形的能力从很小就开始慢慢养成。他们可以借助图画认识文字、理解文字。故事跌宕起伏的情节和精美的图画能让学生相对持久地集中注意力,有利于语言的输入。一旦学生听懂了一个新故事就能体会到满足感,还会转述给别人听,从而很好地解决学习兴趣和学习动机问题,让学生有话"想"说。

2. 故事情境丰富,贴近生活,让学生有话"可"说

刚刚进入学校,小学生的注意力集中水平是有限的,注意的目的性还很低,无意注意仍起重要作用。小学生的注意力在很大程度上被直观性、形象性的内容和教师所创设的教学情境所吸引。故事贯穿于教学的始终,并通过模拟场景进行互动练习,构成一个完整的故事情境。故事教学中,教师以歌曲、情景剧、图片、游戏等各种呈现形式表现教学

内容,用完整的故事情节和情景设置,为学生提供原汁原味的、真实的贴近生活的语言情境,让他们有话"可"说。

3. 故事语言重复性高,便于习得,让学生有话"会"说

小学英语故事教学中每个情景就是相应句型、语法点和单词的有机整体。现行的大多数小学英语教材以及课外分级阅读材料都有英语故事的设计。教师可利用故事教学活动整合每一个单元、单元与单元之间的语言知识,将知识和情感点点滴滴、潜移默化地渗透给学生。

根据不同年龄阶段的学生特点,各册教材中的故事呈现出语言知识与语言技能的叠加与提升。教材各单元之间互相补充、互相配合,保证语言知识与语言技能呈螺旋式上升,达到教学内容复现和循环。这样的设计让学生通过学习故事,不断吸收语言并正确地使用语言,用英语直接与外部世界对应和匹配,循序渐进地在大脑中建立英语思维和逻辑模式,让学生有话"会"说。孩子在故事中学习语言,是自然而然的,很多时候靠猜靠思考得出语言规律,而不是靠按部就班的学习。这个过程也是语言习得的过程。

(二) 故事教学能有效提升学生的口头表达能力

1. 故事教学符合语言的输入条件,能够有效地整合语言的输入与输出

语言能力中的听、说、读、写、看是一个不可分割的整体,提高语言表达能力离不开大量的语言输入。听、读、看是有效的输入过程,讲、演、写、评等活动是有效的输出过程。故事教学将输入和输出有效整合,为发展学生的口头表达能力提供了坚实的基础。美国语言学家克拉申(Stephen D. Krashen)提出的输入假说理论(the input hypothesis)认为,理想的输入应符合以下四个条件:可理解性、既有趣又有关、非语法程序安排、足够的输入量。故事恰好符合这些条件:故事人物和情节为意义理解构建了丰富的语境;故事是以儿童的精神世界为本而创作的作品,内容反映儿童生活的世界;故事是围绕主题和意义自然

建构而成,不是堆砌而成的语言材料;持久的故事阅读是语言学习丰沛的输入来源。因此,故事教学能够给学生提供大量真实的、自然的语言输入,而这种输入一般都以单词和句子为主要载体,因而能巩固、丰富学生自身的词汇积累,并促使其遵循一定的语法规则再加以输出。

2. 故事教学有利于组织丰富的课堂教学活动,培养学生的口头表达能力

《课程标准》在"课程理念"中提出:"践行学思结合、用创为本的英语学习活动观。秉持在体验中学习、在实践中运用、在迁移中创新的学习理念,倡导学生围绕真实情境和真实问题,激活已知,参与到指向主题意义探究的学习理解、应用实践和迁移创新等一系列相互关联、循环递进的语言学习和运用活动中。"故事教学可以在课程实施上引入故事,在故事创设的语境中,让学生通过听故事、读故事、讲故事、编故事、演故事等不断地参与课堂学习活动,一方面活跃课堂气氛,激发学生学习兴趣,另一方面培养学生主动参与学习的习惯。故事教学有利于培养学生的想象力、创造力、模仿表演能力,以及用英语进行思维的能力。我们可以抓住小学生好奇心强、表现欲旺、模仿能力强的特点,让他们挑战角色,通过听、读、讲、编、演故事等课堂教学活动,把故事中的语言转化为学生自己的语言,让他们在不知不觉中自然地运用语言,形成英语思维,使语言得到内化,从而培养学生的口头表达能力。

小结

故事由于其生动有趣、图文并茂等特点,深受小学生喜爱。故事教学也具有趣味性、整体性、活动性和育人性等特点。故事教学的这些特点与口语教学的一些原则相一致。教师在开展故事教学时如果能够把握故事的特点,为学生创设口头表达的环境,就可以激发学生口头表达的意愿、提高学生口头表达的质量,从而有效地发展学生的口头表达能力。故事教学符合语言的输入条件,能够

> 有效地整合语言的输入与输出,有利于教师组织丰富的课堂教学活动,让学生有话"想"说,有话"可"说,有话"会"说。故事教学在激发学生的学习动机和提升学生的口头表达能力等方面都有积极的作用。

第二章

如何选择、解读和处理故事教学材料

第一节　故事教学材料的主要来源

《课程标准》在"语言技能内容要求"的表达性技能栏中提出了小学阶段英语故事教学的分级目标。一级、一级+目标包括："大声跟读音视频材料，正确朗读学过的对话、故事和文段；用简单的语句描述图片或事物；在教师指导下进行简单的角色扮演；在画面的提示下，为所学对话、故事或动画片段配音；口头描述事件或讲述小故事"。二级目标包括："完整、连贯地朗读所学语篇，在教师指导下或借助语言支架，简单复述语篇大意；围绕相关主题和所读内容进行简短叙述或简单交流，表达个人的情感、态度和观点；在教师帮助下，表演小故事或短剧；结合主题图或连环画，口头创编故事，有一定的情节，语言基本准确。"

故事教学在英语教学中占有举足轻重的地位，尤其是在提升学生口头表达能力方面。小学生可以通过故事更好地学习语言。故事整合单词、句型和语段等信息，让学生感受语言文字的真实意义，在轻松有趣的课堂氛围中提高综合运用语言的能力。

陈立在《小学高年级阶段英语故事教学》一文中提出："故事教学为教学提供更广阔的空间。教学已从传统意义的教师教学生变成师生共同学习。故事教学可以使学生和教师共同选择学习材料、学习方式，达到真正的师生共同建构课堂。"以《课程标准》为依据，选择适切的故事阅读材料至关重要。故事教学材料是教师开展有效阅读教学的重要载体和基础，很大程度上决定了学生学习的效果，以及他们能否获得成就感。目前，故事教学材料主要有以下四种来源。

一、基于教材的故事教学材料

教材是最基本的课程资源,在教学中起着重要的作用。基于教材的故事教学材料遵循学科知识的内在逻辑系统与学生心理发展逻辑顺序的重要原则,有完整的知识和技能体系,与教学主题紧密联系,是学生学习语言所需的最佳范例。故事教学通过图文并茂的方式,将故事情境与所学的语言知识结合起来,是学生学习语言和发展技能的重要途径和手段。

随着素质教育的推进和课程改革的深入,全国现行的小学英语教材均在不同程度上安排了英文故事。以上海教育出版社出版的《义务教育教科书 英语》为例,几乎每个单元都有故事阅读板块,并且每个年级下册教材的最后一个单元都是一则经典故事。通过耳熟能详的经典故事,将新学的语言知识和已学过的词汇和句型整合在一起,让学生得到综合训练,起到复习巩固及灵活运用语言的目的(见图 2.1)。再以人民教育出版社出版的《义务教育教科书 英语》(PEP)为例,每单元的 Part C 都含有一个以 Zip 和 Zoom 为主人公的风趣幽默的小故事。故事以呈现本单元所学的词汇和句型为主,并适当拓展,将单元主题通过故事内容展现出来(见图 2.2)。

图 2.1

图 2.2

但是基于教材的故事教学材料也有一定的局限性,如有些偏重语言结构和语言功能,趣味性不足,而有些忽视真实性,不够贴近现实生活。所以在选择故事教学材料时,教师要灵活调整教材中的故事内容。

二、基于绘本的故事教学材料

绘本在英文中称为 picture book,属于图画故事书的范畴,其文字内容与图片相辅相成。从形式上讲,绘本独立成书,能为学生提供完整的阅读体验;从内容上讲,绘本主题丰富且贴近学生生活,语言丰富鲜活,生动有趣的图片为学生提供了思维和想象的空间。因此,绘本非常适合一门语言的初学者。绘本简单的故事语言、有意义的情境、吸引读者的情节,减轻学习者理解语言的负担。分级绘本还兼顾了语言和内容,遵循学生认知规律和语言发展规律,将语言知识和文化进行有机融合,满足不同层次学生的需求,是对英语教材的有效补充。

绘本分级读物中生动活泼的插图可以培养学生的审美感知。绘本分级读物,如《牛津英语阅读系列》(见图 2.3),在情节框架、词汇、句长、单词及句型复现、文学体裁等方面都做了精心设计,故事精彩有趣,能最大程度地激发孩子的阅读兴趣和表达欲望,并逐步发展批判性思维和创新思维能力。

图 2.3

三、基于报刊的故事教学材料

报纸杂志是最普通的大众传播媒介。报纸杂志的内容丰富、信息量大、版面生动活泼,能够及时准确地反映时代的发展,在个人与国家和世界之间架起一座沟通的桥梁。选自报纸杂志的故事教学材料最大的特点是内容与时俱进,紧随时代步伐,生动反映世界各个角落正在发生的变化,一些新词和短语也最早在报纸杂志上出现并普及。把这样的内容用于教学,学生会倍感亲切,有话可说,积极参与。

以《学习报》和《少年智力开发报》这两种报纸的小学版为例,每一期第一版都有一个英文小故事,呈现了学生感兴趣的话题,激发他们的表达欲望。此外,《英语周报》《二十一世纪英文报》《上海学生英文报》《英语画刊》《中国少年英语报》《天天爱英语》等为小学生学习英语量身定做的报纸杂志,其话题生动鲜活、插图妙趣横生、信息丰富多元,特别适合小学生阅读。语言难易程度不同的语篇也为教师实现个性化教学提供了实践的机会。

四、基于网络的故事教学材料

基于网络的故事教学材料是指在网络环境下以 PDF、CAJ、EPUB、CEB 等格式呈现的英文电子书,以及包含更多文本、图像、音频、视频等多媒体结合的英文动画等。随着互联网时代的到来,网络资源能够在一定程度上丰富我们的课程资源。基于网络的故事教学材料具有真实性、多样性和时代性的优势,有利于激发学生的学习兴趣,拓宽他们的视野,可以有效地延伸课本知识,也为学生口头表达能力的提升提供了捷径。

网络中可以搜索到很多包含优质故事教学材料的网站,如在线故事网,由专人朗读故事,再配上轻盈的音乐、美丽的插画,让孩子们喜欢上这些故事。还有一个名叫国际儿童数字图书馆的网站,它囊括了来自世界各地的优秀儿童读物,虽然没有配套的朗读音频,但有大量的阅读内容能让孩子们自己来朗读或者默读,非常实用。

 小结

  综上所述,无论是哪种来源的故事教学材料,都各有利弊。故事绘本的种类多,可选择面广,但是内容比较杂,良莠不齐;来源于报纸杂志的故事比较有趣,但是往往生词量比较大;从网络上可以找到大量的英语故事素材,但这些故事受到知识产权的保护,下载的内容可能带有水印或者不清晰,影响学生阅读。因此,基于教材的故事教学材料是故事教学的主要材料来源,有着不可替代性。教材出版社出版的配套故事类产品通常内容生动有趣,也是可选择的故事教学材料来源。教师应当结合教学实际,充分发挥各自的优势,为学生选择合适的故事教学材料。

第二节 如何解读故事教学材料

英语故事图文并茂、寓教于乐,是师生喜欢的一种学习材料。《课程标准》在"语言能力学段目标"中关于表达与交流提出了小学阶段英语口头表达的分级目标。一级目标包括:"能围绕相关主题,运用所学语言,进行简单的交流,介绍自己和身边熟悉的人或事物,表达情感和喜好等,语言达意"。二级目标包括:"能围绕相关主题,运用所学语言,与他人进行简单的交流,表演小故事或短剧,语音、语调基本正确"。

为了通过故事教学达到以上语言能力培养目标,有效培养学生的口头表达能力,教师首先就要对故事教学材料进行全面精准又细致深刻的解读。

故事教学材料的文本是作者通过选择中心内容、组织篇章结构、构建意义、表达核心思想而形成的产物。对故事教学材料的解读则是读者对文本主旨和内容、作者意图、写作手段、修辞方法等所做的分析。教师要提高对故事教学材料的解读能力,这是因为有效的教学设计首先取决于教师对故事教学材料解读的水平,它直接影响学生的学习体验程度、认知发展的维度、情感参与的深度和学习成效的高度。王蔷建议从 What(主题意义、主要内容)、Why(作者意图)以及 How(语言修辞、文本结构)三个维度进行文本解读。综合上述因素,教师对故事教学材料的解读应该关注其价值取向、文本特征、推进主线等三个方面,解读时可以采用不同的方法。

一、关注故事的价值取向

育人价值是故事的灵魂所在。学习故事除了可以使学生学会知识和获得技能之外,还应该有助于促进学生在情感、态度、价值观等方面的协同发展。所以,教师解读故事文本要以育人为本,首先应该关注的是它的主题意义以及故事背后所隐含的价值取向。除了基于罗克奇(Rokeach)价值观调查表的故事价值取向之外,教师可以参考以下两种体系来挖掘故事的育人价值。

(一) 基于社会主义核心价值观的故事价值取向

党的十八大提出,我们要倡导富强、民主、文明、和谐,倡导自由、平等、公正、法治,倡导爱国、敬业、诚信、友善,积极培育和践行社会主义核心价值观。其中,富强、民主、文明、和谐是国家层面的价值目标,自由、平等、公正、法治是社会层面的价值取向,爱国、敬业、诚信、友善是公民个人层面的价值准则。这24个字是社会主义核心价值观的基本内容。社会主义核心价值观是社会主义核心价值体系的内核,是社会主义核心价值体系的高度凝练和集中表达。所以,在解读故事教学材料时,教师要善于挖掘和提炼故事中与社会主义核心价值观相一致的内容。

(二) 基于中国学生发展核心素养的故事价值取向

学生发展核心素养指学生应具备的、能够适应终身发展和社会发展需要的必备品格和关键能力。党的十八大提出要把立德树人作为教育的根本任务,而研究学生发展核心素养就是落实立德树人根本任务的一项重要举措。中国学生发展核心素养是党的教育方针的具体化,明确了学生应具备的必备品格和关键能力是关于学生知识、技能、情感、态度、价值观等多方面要求的综合表现,深入回答了"立什么德、树什么人"的根本问题。

中国学生发展核心素养以培养"全面发展的人"为核心,分为文化基础、自主发展、社会参与等三个方面,综合表现为人文底蕴、科学精神、学会学习、健康生活、责任担当、实践创新等六大素养,具体细化为18个基本要点,即:人文积淀、人文情怀、审美情趣、理性思维、批判质疑、勇于探究、乐学善学、勤于反思、信息意识、珍爱生命、健全人格、自我管理、社会责任、国家认同、国际理解、劳动意识、问题解决、技术运用。各素养之间相互联系、相互补充、相互促进，在不同情境中整体发挥作用。根据这一总体框架，教师可针对学生的年龄特点进一步对各学段提出具体表现要求。

教师还可以从中国学生发展核心素养出发，深入挖掘故事中关于人文底蕴、科学精神、学会学习、健康生活、责任担当、实践创新等方面的价值，发展学生的核心素养。表2.1是教材中部分单元故事的价值取向分析。

表2.1 教材中部分故事的价值取向分析

	价值取向	故事名称	教材出处
1	尊老爱幼	Where is Grandma?	5AU4
2	乐于助人	Ben and Bob	3BU7
		The lion and the mouse	4AU5
		Where is my fish?	4AU9
		Froggy's new job	5AU1
		The bee and the ant	6BU7
3	劳动光荣	Ben and Bob	3BU7
		A magic stone	5BU1
		The happy farmer and his wife	6BU2
4	勤俭节约	The journey of Little Water Drop	5AU11
5	团结友爱	Oliver feels bored	5AU5
6	邻里关系	The giant's garden	5BU12
		A noisy neighbour	6AU4
7	家庭观念	Kong Rong and the pears	3AU8
		A big fish	3AU11
		Three little pigs	3BU12
		Yaz, the meat and the fire	5AU12

续表

	价值取向	故事名称	教材出处
8	时间观念	Min and Mog	4BU7
		Tom's Saturday	4BU8
		Tomorrow	5BU5
9	理想教育	Froggy's new job	5AU1
		The five peas	6BU12
10	遵守秩序	The magic music	4BU6
		The path of stones	6BU8
11	留心观察身边事物	Gu Dong is coming!	3BU3
		The fox and the grapes	4BU2
		Henry's new friend	4BU3
		The ugly duckling	4BU12
		The sound of the wind	5AU10
		The journey of Little Water Drop	5AU11
		Little Justin	6AU1
12	环境保护	The bird and the tree	6AU11
		The journey of a plastic bottle	6BU9
13	保护动物	Joy and Elsa	6AU5
14	热爱集体	Animal School	4AU7
15	国际视野	Rudolf's big, red nose	6BU11
16	探索创新	A thirsty bird	4AU3
		Panda's glasses shop	4AU8
		Two seeds	4BU10
		Alice in Wonderland	5AU8
17	兴趣爱好	The emperor's new clothes	5BU8
		Snow White	6AU7

续　表

	价值取向	故事名称	教材出处
		Lu Ban and the saw	6BU5
18	正确认识自我和事物	Animal School	4AU7
		The wolf and the sheep	3AU3
		Are you my mum?	3AU6
		The old man and the monkeys	3BU4
		The blind man and the elephant	4BU1
19	健康生活	A toothless tiger	5BU9
20	人文艺术	The story of Nian	5BU11
		Little Leo's lessons	6BU4
		The wind and the sun	6BU10

二、关注故事的文本特征

故事作为一种独特的文学表现形式,有其独特的构成要素。在解读故事文本时,教师要关注角色、情节、语言等故事特有的构成要素以及语言特点、图文关系等。

(一) 故事的构成要素

关于故事的构成要素,许道军认为故事的重要元素有行动(引起变化)、戏剧性(造成差异效果)、情感和人物。王蔷则认为故事都具备以下几个要素:主题,即故事的核心思想;情境,即故事发生的时间和地点;角色,即故事中出现的人物;情节,即故事的起因、经过和结尾。小学英语故事教学材料通常都有真实生动的情境、个性鲜明的人物角色和可预测的情节等故事所特有的要素。鲜明的故事性也使得故事趣味十足,可以很好地激发学生阅读故事与口头表达的动机和兴趣。

1. 真实生动的故事情境

故事情境(situation of a story)是故事的构成要素之一。《未来的冲击》一书的作者托夫勒(Alvin Toffler)认为,"任何一种情境都可以用五部分来组成:物品——由天然或人造物体构成的物质背景;场合——行动发生的舞台或地点;一批角色——人;社会组织系统的场所;概念和信息的来龙去脉。"可见,故事的情境既可以是故事发生的社会背景或自然环境,也可以是事件发生的具体场景。所以,故事的情境几乎涉及故事中与角色发生关系的整个外部环境或外部世界。而小学英语故事教学材料的情境都与学生的知识基础和生活经验紧密联系,可以引导学生身临其境地开展故事学习。

■ **案例**

以教材四年级下册 Unit 8 的故事"Tom's Saturday"为例。

图 2.4

这则故事呈现了一个有趣的情境。主人公汤姆(Tom)是个爱读书的小男孩,他很喜欢晚上读书,有时甚至忘记了睡觉。一天早晨,汤姆睡醒一睁眼已经八点半了,他急忙穿好衣服背上书包跑到学校。到校时已经九点了。然而门卫告诉他今天是周六,不上学。故事结局大翻转——汤姆并没有迟到。这样生动有趣的故事情境非常贴近学生的生活实际,有利于学生根据自己的知识基础和生活经验进行故事学习和真实的口头表达。

2. 个性鲜明的故事人物

故事人物推动故事情节的发展,寄托作者的情感,揭示故事的主题,折射出关于人与自我、人与自然、人与社会等方面的道理。而小学英语故事教学材料中的人物设置充分考虑小学生的认知水平和年龄特点,充满童真童趣,富有鲜明的个性特征。

教材五年级下册 Unit 9 的故事"A toothless tiger"中,狐狸就是推动故事情节发展的关键角色。森林里有一只牙齿锋利的大老虎,小动物们都很怕他。足智多谋的狐狸想出了给老虎吃糖的好办法。老虎禁不住糖果的诱惑,吃糖过多导致牙疼,最终为了止住牙痛让小动物们合力将牙齿拔掉,从此这只可怕的大老虎变成了一只没牙的老虎。

此外,故事人物突破了日常生活中人们对他的刻板印象,形成了一种反差。这类人物在绘本或卡通动画中比较多见。比如,在《冰雪奇缘》中就有一个酷爱阳光的雪人,埃尔莎(Elsa)用魔法给他做了一朵雪云飘在头顶上。雪人和夏天同时存在,这在日常生活中是不可能发生的。这种大胆的、富有想象力的人物设定深深地吸引着读者。

3. 可预测的故事情节

故事由时间、地点、人物,事件的起因、经过、结果等要素构成。其中,时间是指故事发生的年代,具体的年、月、日等信息;地点是指故事发生的环境背景和事件发生的具体地点;人物或角色是故事发生、发展的参与者,是故事中表达作者情感和故事主题的重要部分;事件的起因交代了故事为何发生,经过则是故事发展的来龙去脉,结果是指故事的结局。

故事的篇幅有长有短,内容包罗万象。有的小学英语故事充满幻想、情节曲折,有的语言优美、意味深长,但大多故事的情节发展都具有较强的可预测性。这种可预测性一方面体现在故事语言的重复上,另一方面体现在情节发展的规律上。可预测的故事情节有利于学生模仿和运用,固定的情节发展规律能够帮助学生形成一定的阅读预测策略,帮助他们更快地成为独立、高效的读者。故事的这种情节发展特点对培养学生连续口头表达能力是大有裨益的。小学英语故事常见的情节发展规律主要有两种。

(1) 重复的故事情节加突变式结尾

故事通常在一开始呈一种状态的重复,却以一个逆转式的结尾结束。这类故事在小学阶段是最常见的,如我们非常熟悉的故事"The ugly duckling"。该故事的很多改编版本都采用叙述加对话的呈现方式。故事中,丑小鸭一次次祈求别的动物接受自己,却一次次遭到拒绝。这样一问一答的语言在丑小鸭和不同的动物交流的场景中反复出现。最后,当他向天鹅发出祈求时,他受到了天鹅们的热情欢迎,这时他发现自己也已经变成了一只美丽的天鹅。重复的语言让学生很容易预测故事的情节发展,而这种突变式的故事结尾又呈现了"变化"的故事性,提供了有意义的情境框架,非常符合小学生的认知特点,很容易激发学生的阅读兴趣。教材中的很多故事都采用了这种突变式结尾,如三年级上册 Unit 6 的"Are you my mum?"和 Unit 11 的"A big fish",四年级下册 Unit 3 的"Henry's new friend"等。

(2) 按时间顺序开展的故事情节

在一些故事中,带动场景变换和人物心情转变的不是事件的发展而是时间的变化。这类故事和学生的生活实际紧密联系,描述的内容往往是学生非常熟悉的。学生非常容易预测故事情节的发展,并结合生活实际改编和续编故事。因此,这类故事的教学也是培养学生有条理连续口头表达能力的重要途径。

案例

以教材四年级下册 Unit 7 的故事"Min and Mog"为例(见图 2.5)。

本故事按时间顺序依次讲述了两只小猫明(Min)和莫(Mog)一天的活动和心情。

这类故事在绘本中更为常见,往往是以季节、月份、星期或一天中各个时间段为线索展开的。

图 2.5

(二) 故事的语言特点

故事的类型多样,不同类型的故事语言特点也不相同。小学阶段常见的故事语言重复性较强,可增加学生的语言输入频率,自然而然习得语言。

李静纯在《小学英语故事教学》一书中将故事按照内容分为史诗故事、历史故事、神话故事、寓言故事、童话故事、宗教故事、传奇故事、传记故事、科幻故事、幽默故事、小说故事、戏剧故事、鬼怪故事和卡通故事,共 14 类。其中,小学阶段较常见的是寓言故事、童话故事、科幻故事、生活故事等故事类型。这些故事主题明显、情节生动、角色鲜明,符合儿童认知发展的特点,贴近儿童生活实际。

不同类型的故事有着不同的语言特点,而小学英语故事普遍的特点就是语言的重复性。初级绘本故事的语言呈现一种固定形式的结构,一般每次只呈现一个语言点。这种结构能够契合儿童的语言和认知水平。

这一语言特点也使得故事是一种优质的语言输入材料,有效地帮助学生进行词汇和句型的学习,同时又为学生准确的口头表达搭建支架。因此,在英语教材中有很多故事,将单元的核心内容在故事中进行呈现和运用。

案例

以教材三年级上册 Unit 6 的故事"Are you my mum?"为例(见图2.6)。本单元话题是描述自己和他人的外貌特征,故本故事采用了对话的呈现方式,利用一问一答的重复,有效复习了本单元的重点句型。

图 2.6

图 2.7

类似的故事还有教材五年级上册 Unit 1 的故事"Froggy's new job"(见图2.7)。该故事以叙述的方式,多次重复句型"Froggy wants to be a ..., but ...",从在 Listen and say 板块中谈论自己的理想职业拓展到谈论他人的理想职业,为学生的语言学习和口头表达提供了有效的支架。

故事的内容贴近学生的生活实际,故事的语言结构突出、重复性强,且紧扣单元话题。学习故事实现了单元话题下高质量的语言输入,而且学生都有过与故事主人公相似的生活经历,很容易将故事的语言迁移到自己的生活中。通过读故事、演故事或续编故事等方式,实现有效的语言输出,从而提高口头表达能力和思维能力。

（三）故事的图文关系

众所周知，小学英语故事都是图文并茂、图文互补。图片的运用使故事文本表达的画面更加丰满，内涵更加深刻。文本是按照语言规则结合而成的语句组合体，是学生英语表达的拐棍，而图片是由文本通向学生生活体验的桥梁。在图文状态的关系中，可以分为"平等关系"和"不平等关系"。图文相配是图文的平等关系，而文从属图和图从属文是不平等关系。

1. 文从属图

在初级的英语故事读本中，故事信息的传递基本依赖于图片的辅助。图片的加入可以使文本的信息承载量下降，从而有效控制文本的篇幅和语言的难度。我们把这种图片信息大于文本信息的图文关系叫做文从属图。

> **案例**

以教材三年级上册 Unit 11 的故事"A big fish"为例。

文本仅有"What is it, Mum?""I'm sorry, Mum."和"Look, Mum! A big fish!"等寥寥数笔，但图片为我们展现了生动完整的故事情节。插图中，小猫一会儿抓蝴蝶，一会儿捉蜜蜂，最后意识到自己的错误，回来专心致志地钓鱼，终于钓到了一条大鱼。对故事情节的描述、人物的转变过程等都是通过图片的辅助来完成的。

这种图文关系普遍应用于针对零基础学生的故事中。通过图片展现故事，文本呈现关键信息，为词汇的学习和解码打下扎实的基础。而当图片只关注部分人物行动时，文本只需针对主要人物进行描写和刻画，从

图 2.8

而简化了故事文本情节上的展开,明确了人物主次关系,能够在保证故事情节完整性的基础上减少文本的篇幅。在小学英语故事教学中,教师要注重图片提供的丰富信息,借此弥补学生语言知识的不足。借助图片让学生展开丰富的想象,使得他们的思维活动更加深入、情感体验更加深刻,促进口头表达能力的发展。

2. 图从属文

当图片只与文本中部分信息发生联系,没有表达出文本所有信息时,则称为图从属文。这种图文关系在小学高年级的故事当中比较常见。

■ **案例**

以教材六年级下册 Unit 12 的故事"The five peas"中的图 7 为例。

图 2.9

本图的文字信息是小女孩生病了,她看到了窗外的植物,说:"The pea is growing bigger and taller. It must be strong. I'll try to do the same.(这株豌豆长得越来越大、越来越高。它一定很强壮。我也要努力和它一样。)"几周之后,小女孩康复了。她的妈妈说:"Thank you, little pea.(谢谢你,小豌豆。)"文字暗含的信息相当丰富,而图片只展现了文本的主要人物和基本情节,即妈妈陪着卧病在床的小女孩,窗外有一棵豌豆苗。小女孩的内心活动以及故事情节发展等具体内容全靠文本表达。

这类图从属文的图文关系为学生适应大篇幅文本的阅读做好了准备。图片的出现降低了理解文本的难度,教师要引导学生通过读图理解故事情境和故事主要人物,猜测故事大意,理解和运用新的语言知识。此外,生动有趣的插图符合小学生的认知特点,增添了阅读的愉悦体验,激发了学生口头表达的兴趣。

3. 图文相配

当图片中的视角信息(参与者、过程和环境)与其相应文本中的概念成分(参加者、过程和环境)全部发生联系,并平等结合,且未出现一方修饰另一方时,我们将这类图文关系称为图文相配。小学英语教材中大部分故事都属于这类,如教材中的"Snow White""Alice in Wonderland"等经典童话故事。这些故事中的图文信息几乎完全匹配。这种图文状态对于学生了解完整的故事情节、理解和掌握语言非常有帮助。教师在教学中可以利用图片信息,引导学生完成根据图片复述故事、看图表演故事等语言输出活动,提高学生的英语口头表达能力。

综上所述,故事有情境、人物、情节等构成要素,故事有不同分类,故事中词汇和句型有重复性等语言特点,故事有不同的图文关系。教师在为小学不同年级的学生选择英语故事时应考虑故事的这些基本要素。

小学不同年段的英语故事在故事性、语言特点、图文关系、口头表达能力培养目标等方面有不同的特征,如表 2.2 所示。

表 2.2　小学不同年段英语故事的特征分析

		一、二年级	三、四年级	五、六年级
故事性	人物	人物类型单一,人物性格简单	人物类型单一,人物性格简单	人物性格特征逐渐丰富,人物类型多样
	情节	情节单一,容易预测	故事由一系列连续情节组成,有清晰的开端、发展和结尾;情节重复性逐步降低	故事包含多个情节,情节重复性降低;情节发展过程对最后的结局有所铺垫,帮助学生进行预测
	主题	学生熟悉的日常生活中的主题及概念,如家庭、动植物等	与学生日常生活相关的主题,少数超出日常生活,如冒险故事	有超出学生日常生活的主题出现,但较容易理解

续 表

		一、二年级	三、四年级	五、六年级
语言特点	词汇句型	词汇均为学生日常生活中会用到的高频词汇,以单音节词为主,符合拼读规则,词汇复现率高;句型复现率高,每篇仅有1~2种句型	以高频词汇为主,双音节单词数量增多,大多数符合拼读规则;词尾有变化,如加-ing;句子主要为简单句,句中大多有介词短语;每篇有2~4种句型,句型重复率高	词汇大多数为口语词汇,开始出现书面语词汇,词尾有变化;大多数单词拼写简单,符合拼写规则;句型复杂度增加,有一些简单的从句、并列句;每篇有4~6种句型
	故事内容	故事内容具体、浅显;呈现方式以对话为主,多为一问一答	故事大多涉及浅显、具体的概念,亦有简单的抽象概念出现;呈现方式以对话为主,有部分叙述类文本	内容具备一定的深度和广度,有简单的抽象概念
	故事类型	童话故事、生活故事、传统故事等	童话故事、生活故事、传统故事等	童话故事、生活故事、传统故事、简单的科幻故事等
图文关系		文从属图	文从属图、图文相配	图文相配、图从属文
口头表达能力培养目标		模仿表达为主	模仿表达和简单的体验表达	模仿表达、体验表达

三、关注故事的推进主线

故事情节的发展和推进并不是杂乱无章、随意展开的,而是遵循着一定的顺序,并且大部分故事还总是围绕着一条或多条主要的线索逐渐展开并步步推进。因此,准确定位故事的推进主线能帮助教师掌握故事的内在联系和逻辑结构,进而有效梳理故事的发展脉络。

(一) 故事的主线是什么

故事的主线是贯穿整个故事的主要线索,即故事的主角在什么时间到了什么地方,遇到哪些人,发生了什么事,等等。故事的角色设置、情节发展等均围绕故事的主线展开,为故事的主线服务。

■ 案例

以教材五年级下册 Unit 1 的故事"A magic stone"为例(见图 2.10)。

该故事以小男孩吉米(Jimmy)的一次偶然发现为主线。吉米在爸爸的工作间发现了一盒铁钉,就好奇地打开盒子,却一不小心把盒子摔到地上,钉子散落一地。这时,爸爸拿来了一块黑色的石头。吉米把石头靠近钉子时,所有钉子都吸附在了石头上。地面很快恢复了整洁。吉米高兴地说:"这真是一块神奇的石头!"该故事有清晰的起因、发展、高潮和结局。伴随故事的发展,人物的思维和情感变化也非常明显。教师在教学中就抓住这一故事主线进行教学设计,以"What is the magic stone? Why is it magic?"作为故事的关键问题和主要矛盾,梳理故事的主要脉络。

图 2.10

（二）故事的主线有哪些类型

故事的主线有很多种，如：以时间的推移为线索，以空间的转换为线索，以某一个人物为线索，以事件的发展为线索，以故事中的某一关键问题为线索，以作者的思想感情变化为线索等。此外，有些故事可能存在着两条或两条以上的主线，即明线和暗线，可能是语言线、思维线、情感线，也可能是多线并进。

■ 案例

以《悠游阅读成长计划》系列绘本中的故事 *The Magic Lamp* 为例。

首先，我们可以观察故事主人公的表情。两幅图中主人公阿拉丁的表情是截然不同的。通过对比这两幅图，可以发现阿拉丁经历了从高兴（happy）到伤心（sad）这一情感变化过程。阿拉丁开始时为什么非常高兴？在故事发展的过程中，他做了哪些事情？他吃了哪些食物？在故事的结尾，他又为什么变得伤心了呢？不难发现，本故事除了有事件的发展顺序这条故事主线外，还有主人公阿拉丁从高兴到伤心这条情感线。两条主线交错在一起，共同推进了故事情节的发展，展现了故事的主要脉络。

四、解读故事教学材料的视角

在解读故事的过程中，教师首先要关注它的价值取向、文本特征和推进主线，然后可以依据王蔷的建议，分别从 What（主题意义、主要内容）、Why（作者意图）以及 How（语言修辞、文本结构）三个维度进一步细致深入地解读故事文本，具体从如下八个视角解读。

（一）整体把握，梳理故事主线

在解读故事文本的过程中，教师首先要通读故事，整体把握故事的情节发展，然后抽丝剥茧，提取故事的关键问题，梳理故事的主要脉络。其次，需要根据故事的布局和主题表达的方式，准确判断故事的主线属于哪一种;或者,故事可能有明线、暗线等多条主线。需要全面深入地解读故事,随着故事情节的推进,确定故事的主线究竟是单一的语言线、思维线、情感线还是多线并进。

案例

以教材四年级上册 Unit 8 的故事"Panda's glasses shop"为例。

该故事讲述了老鼠和大象去眼镜店买眼镜的经历。他们想一起玩,但是由于体形差距过于悬殊,他们没有办法一起玩。熊猫想到一个办法,给他们戴上神奇的眼镜,从而他们能一起愉快地相处。在整体把握的基础上,我们梳理出两条故事主线。明线是沿着老鼠和大象从一开始因体形差异不能一起玩,到戴上神奇的眼镜成为朋友这条情节线推进。此外,还有一条情感线,那就是老鼠遇到体形问题时的失落到解决问题时的开心这一情感变化。情感线穿引着情节线,两条线并驾齐驱。

图 2.11

(二) 研读图文,解析故事情境

小学生处在以形象思维为主的阶段,对直观形象的事物比较感兴趣。因此,大部分的小学英语故事都图文并茂,精心设计了画面感和情境性非常强的图片。除了文本提供的语境,故事的图片也创设了丰富的情境。因此,教师应该仔细研读文本的每一句话,认真观察每一幅图片。教师要结合文本内容的提示,细致解读图片素材,深入挖掘图片本身的信息以及图片所隐含的信息,细致剖析文字及图片所呈现的故事语境,结合学生已有的认知基础,尽量忠实于故事主题意义,解析故事的情境,引导学生真正走进故事,身临其境地展开故事学习,并为引领学生在具体语境中开展真实准确的口头表达做准备。

案例

以《悠游阅读成长计划》系列绘本中的故事 *Pajama Party* 为例。

该课例的授课对象为一年级或二年级学生。从认知特点来说，低年级学生以形象思维为主，喜欢看图片，具有丰富的想象力。他们需要在教师的引导下，研读图文，更好地解析情境。

Pajama Party 呈现的是主人公去参加睡衣派对的故事。学生并不了解英美国家的派对文化，教师可以通过图片引导学生进入睡衣派对的故事情境，为开展真实有效的口头表达作铺垫。

首先，引导学生观察主题图（见图 2.12）。学生通过观察图中物品，知道今天要去参加一个特别的派对，产生好奇心。

T：Hi, boys and girls. Look! What are these? What kind of party is it? What's the party like? Let's read a story about this special party.

其次，利用封面图片（见图 2.13）引导学生猜测在这个派对上，大家都会做些什么，有什么样的心情。

图 2.12　　　　　　　　图 2.13

T：Who can you see in the picture? What are they doing? Why are they so happy? Let's read the story.

接着，领着学生深入研读故事文本及观察图片（见图 2.14），理解故事的情境。

图 2.14

T: Now let's look at the picture. Where is the little boy? (指着图片上的小男孩) What is the little boy doing?

T: (展示 pajamas 的单词卡，并领读) Pajamas. (模仿小男孩的语气) I get my pajamas. Is the little boy going to sleep? Let's go on reading…

  该课例中教师紧紧围绕图片，从睡衣派对这个话题展开。通过提问一步步引导学生为睡衣派对做准备，如睡衣、拖鞋、玩具、狗等。在情境中学生自然体会并使用"I get my …"去表达需要为派对准备的物品，学生在故事情境中体会到做事情要有条理，感受和家人一起参加活动的温馨与幸福。学生在深入研读文本和图片后才能感知到人物的情感。教师就是这样引导学生观察图片，逐步了解图片创设的情境。学生在图片的帮助下理解了故事内容，课堂上的口头表达才能真实有效。

（三）对比辨析，定位角色特征

  故事中一定有性格各异的故事角色，故事角色是推进故事情节发展的重要因素之一。故事角色是表达作者情感和故事主题的重要部分，对故事角色特征的准确把握有助于我们预测故事情节发展，精准定位故事主题。因此，在解读故事文本的过程中，我们一定要对故事的角色做细致入微的分析。首先，我们要找出故事中的所有角色，定位主要角色和次要角色，并加以对比辨析，找出角色之间的关联，以及角色之间的相同之处或不同之处。然后，根据故事的情节发展，分析角色的内心活动，深入剖析每个角色的特征，包括角色的外在特点和内在性格，补充角色的潜台词。对角色特征的准确把握，有助于学生在故事情境中开展细腻生动的口头表达。

■ **案例**

  以教材六年级上册 Unit 7 的故事 "Snow White" 为例，我们可以通过四个步骤分析角色特征。对比分析角色特征的实施流程图如图 2.15 所示。

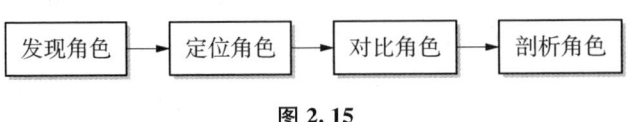

图 2.15

1. 发现角色

发现角色是指找出故事的角色有哪些。教师可以引导学生从图片或者从故事文本中找出故事的角色。学生可以发现"Snow White"中的角色主要有 Snow White、the queen、the seven dwarfs、the hunter。

2. 定位角色

定位角色是指确定主要角色和次要角色。通过阅读故事(见图 2.16),学生定位出"Snow White"中 Snow White 和 the queen 是主要角色,the seven dwarfs 和 the hunter 是次要角色。

图 2.16

3. 对比角色

对比角色是指找出角色之间的关联,以及角色之间的相同之处或不同之处。"Snow White"的主要角色是 Snow White 和 the queen(见

图 2.17)。两者之间的关联点是需要教师引领学生去分析的。

T：Who was the fairest of all?

Ss：Snow White.

T：Who wants to be the fairest of all?

Ss：The queen.

教师可以通过以上两个问题引导学生发现这两个角色的相同之处就是她们的外表都是美丽的,然而不同点就是围绕"Who was the fairest of all?"这个问题展开,突出白雪公主的内在美和皇后的内心邪恶。

图 2.17

4. 剖析角色

剖析角色是指根据故事的情节发展,分析角色的内心活动,深入剖析每个角色的特征,包括角色的外在特点和内在性格,补充角色的潜台词。

故事"Snow White"通过图片展开故事情节,刻画每一个角色(见图 2.18 至图 2.21)。

T：How was the queen?

Ss：The queen was bad.

T：What did she want to do?

Ss：She wanted to kill Snow White.

T：What did the queen do?

Ss：The queen sent the hunter to kill Snow White.

T：How was Snow White?

Ss：She was afraid. She ran away.

T：Where was she going?

Ss：She was going to the forest.

T：Who did she meet?

Ss：She met seven little friends.

图 2.18

图 2.19

T：What did the queen do when she knew Snow White was alive?

Ss：The queen came to the forest and gave Snow White an apple.

（学生角色扮演）

Ss：Hello. You are beautiful. Look! I have …

图 2.20

T：What happened to Snow White at last?（引导学生分组设计不同的结尾）

Ending 1：Snow White didn't wake up. Seven little friends were sad. But people remembered her forever.

图 2.21

Ending 2：A handsome prince kissed Snow White and saved her. They lived happily ever after.

以上教学片段中，教师采用分段教学，提出问题，引导学生自主阅读了解故事情节的发展和人物的性格。根据已知故事情节，分小组进行讨论，根据人物角色特征设计不同的故事结局，创编剧本，进行角色扮演。在活动中，学生剖析人物特征，对角色进行深入探究与个性化认知。

（四）找准冲突，预测故事情节

矛盾冲突驱动着故事情节的发展。故事有起因、经过、高潮和结果。故事的开头会对故事人物的背景作必要的描述，并交代故事的起因。随着情节的发展，故事的矛盾冲突也会逐渐显现并愈演愈烈，这时故事的高潮也随之来临。这些冲突点不仅会激发学生阅读的兴趣，更有助于他们深入地理解故事。因此，学生要善于抓住故事的矛盾冲突，预测故事的情节发展，并尝试拟出解决对策。解决故事主要冲突点的过程也是一步步深入理解故事的过程。预测故事情节发展有助于发展学生的思维,培养解决问题的能力,并为生动连贯地表达故事作铺垫。

案例

以教材六年级上册 Unit 11 的故事"The bird and the tree"为例(见图 2.22)。这是发生在一只小鸟和一棵大树之间的感人故事。

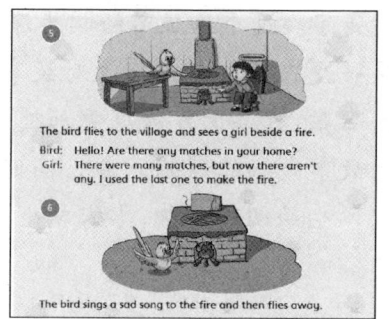

图 2.22

教师在解读故事文本的时候要找准故事的起因、经过、高潮和结果。课文的第一、二段是故事的起因。故事开头交代了主要人物是小鸟和大树。他们是一对快乐相伴的好朋友。秋天到了,小鸟要飞到南方去过冬,和大树约定明年春天再见。这是交代了故事的背景。这时,教师可以引导学生基于故事的起因和背景,预测故事的情节发展,提问:"What will happen next spring?"第二年春天,小鸟和大树会如约相见吗?如果能相见,会是什么情景?如果不能相见,又是为什么呢?这为故事的矛盾冲突埋下伏笔,也引发了学生对故事情节的预测和思考,激发学生阅读和表达的兴趣。

课文的第三、四、五段是故事的经过。第二年春天,小鸟如约从南方飞回来,却怎么都找不到大树。这时,故事的矛盾冲突真正到来,教师可以追问:"Where is Mr Tree? What happened?"引导学生进一步预测故事的情节发展,推进对故事的深入理解,同时也能够让学生的思维和情感得到进一步提升。

故事的高潮也是这篇课文的核心语言部分。小鸟四处打听大树的下落。小草说:"Some workers cut him down and took him to a factory."小鸟飞到工厂去找大树,工厂大门说:"The workers cut him into wood. They used the wood to make matches. Then they took the matches to a village."小鸟飞到小村庄,炉火边的小女孩告诉小鸟:"There were many matches, but now there aren't any. I used the last one to make the fire."

在故事的结尾,悲伤的小鸟在炉火前面给大树唱了最后一首歌,伤心地飞走了。这个结尾留给学生深深的遗憾和无尽的思考。故事的情节发展一波三折。之前两次对故事矛盾冲突的预测,让故事的高潮更加扣人心弦,故事的发展也更加跌宕起伏,促进了学生对故事的深入解读和对故事内涵的深入挖掘。同时,这种预测故事情节的活动还能充分激发学生的阅读兴趣,丰富学生的情感体验,有效提高学生的口头表达能力。

(五) 深入理解,定位故事主题

在仔细观察图片和分析故事情节之后,教师就该准确定位故事的主题,进而确定故事的价值取向。但是故事的主题并不像故事的情节或背景那么具体,它是抽象的、主观的和隐晦的。如果故事是一个有生命的个体,那么主题就像是它的心脏一般。在寻找故事的主题时,教师可以先问自己这些问题:"What does the author really want me to know? What is the story truly about?"除了问自己这些问题外,教师还可以多关注文本或是图片的细节信息,找出故事里的关键要素(golden lines)。这些细节或是词句都有助于准确抓住故事的主题。同时,教师还可以关注故事里的主要人物。故事主要人物的成长和变化也会直接或间接地揭示故事的主题。确定了故事的主题,然后定位这个主题体现了社会主义核心价值观中哪个层面的价值取向,或是中国学生发展核心素养体系中哪个方面的素养。只有准确定位故事的价值取向,学生对故事的理解才更深刻,学生天马行空的口头表达才有一个主旨,学生的表达才能更得体、更准确。

此外，解读故事文本主题的方法也不尽相同。比如，在解读绘本故事时，可以观察封面、封底和环衬，提出一些 Wh-问题，还可以关注绘本图片的颜色、构图、线条，以及整个绘本图片的创作技法等等。在解读含几幅图的小故事时，也可以通过观察图片、仔细朗读文本定位故事主题。

■ 案例

以《小学英语拓展阅读一年级第二学期》的故事"The fox and the crow"为例。

这是一则关于狐狸和乌鸦的故事。狐狸恭维乌鸦的美妙歌喉，骗乌鸦张开嘴，最后得到了奶酪。教师可以引导学生观察故事中的配图，了解故事发生的相关信息，即故事里有几个角色，分别是谁，故事的变化体现在哪里，等等。

图 2.23

对比观察四幅图，学生就会发现乌鸦一直在树上，而狐狸始终在树下。故事是围绕一块奶酪展开的。教师可以适当留白，给学生丰富想象的空间，引导学生猜测狐狸怎样得到了奶酪，进而鼓励学生带着好奇心去阅读文本。学生通过阅读图片下的文本，了解故事的主要内容。教师引导学生在仔细研读故事文本和图片的过程中，分析故事的冲突，确定故事的主题，即不要轻信他人的甜言蜜语，并鼓励学生对狐狸的行为进行评价，渗透价值观。教师也可以联系生活实际，引导学生思考应该如何和同学、朋友相处，正确处理利益冲突，并就此开展自主表达。

（六）基于学情，创编故事内容

基于对学生知识基础和认知水平的了解，教师可以根据学生的生活经验和单元教学目标，适当增加新的语言知识和故事情节，创造性地编排故事。在创编故事时，教师要选择学生熟悉的话题进行创编。编排结构合理，内容循序渐进，以动为主、动静结合，学生在"动"中体验感受，在"静"中学习理解。故事情节不能太过复杂,要长度适中,难度适宜,富有趣味性和戏剧性。这种从学生实际出发量身打造的故事更能激发学生的阅读兴趣,激发学生学习动机的同时,还有利于培养学生的思维能力和个性化口头表达的能力。

■ 案例

以教材四年级上册 Unit 7 的故事"Animal School"为例。

图 2.24

该故事从属于模块主题 Places and activities,单元话题是 At school。教材里的各个板块统整于单元话题和模块主题下,单元内的各个板块既相互独立又相互联系。所以,在解读故事时,教师应整体把握教材,树立整体教材观。基于模块主题和单元话题,对单元内的各个板块进行统整,从这些相互独立的板块内容里找到它们之间的内在联系。

在纵向和横向分析教材之后,为了让故事内容更加丰满,教师整合学生已有的知识和生活经验,对故事"Animal School"里的学校环境和角色特征补充介绍如下:Look, this is an animal school. There are some tall trees in the school. There is a river, too. There are some animal students in the forest. They're Rabbit, Duck, Monkey, and so on. And the duck can swim fast. The monkey and the cat can climb trees. The rabbit can run fast.

创编的故事背景涵盖了森林环境和不同动物的名称、外形、生活习性和特长等。文本中用 there be 句式介绍了动物学校的环境,以及对动物特长作了介绍,尤其是对兔子特长的介绍,为后面故事情节的发展作了铺垫。

在对"Animal School"故事背景作了介绍之后,教师选取故事里的两幅插图,引导学生对比兔子前后表情的变化,让他们观察兔子情绪状态。教师可提问:"How does she feel? Why?"鼓励学生尝试猜测。通过问题培养孩子们预测故事情节的能力和逻辑推理能力,并根据学情,让学生对故事的关键人物猫头鹰和兔子之间的对话进行创编。帮助学生在学习理解语言的同时,加深对故事情节发展的理解和情感的升华,巧妙渗透育人价值。

  Mr Owl: What's the matter?
  Rabbit: I'm sad. I can't swim and I can't climb trees. I'm not a good pupil.
  Mr Owl: That's not true, Rabbit. You're a good pupil. You're good at running and jumping! Let's have a race, OK?
  Rabbit: No, I can't.
  Mr Owl: Go and try, Rabbit! Believe yourself! You can do it!

(七)围绕主题,解析知识结构

  故事文本是一个有机整体,词汇、句型和语法均符合故事主题情境和价值取向。其中,词汇是构成故事文本最基本的语言单位,而句型和语法的灵活运用使得故事语言更加丰富多彩。所以,对故事内在知识结构的准确解析也是非常必要的。

  语言学专家吕叔湘先生曾经说过:"词语要嵌在上下文里头才有生命,才容易记住,才知道用法。"故事内在的知识结构包括词汇、句型和语法点等。故事中的词汇、句型并不是孤立的,而是在整体的故事语境和情节发展中逐步展现。因此,对故事内在知识结构的解析应建立在整体把握故事的基础之上,应基于分析模块和单元主题以及学生的生活经验和知识基础。准确定位故事的重难点词汇、句型和语法点,提炼和整合故事内在知识结构的具体方法有如下两种。

1. 泛读文本,提取关键词句

  首先,教师可以根据故事情节提出 What、Who、When、Where、How 等基于事实的基本性问题,让学生整体感知故事。可以引导学生采用泛读的策略。泛读需要运用一定的阅读技巧,比如跳读、扫读等。

通过泛读,学生可以快速找出答案,而故事中的主要词汇和句型往往就隐含在这些问题的答案中。此外,在提取故事基本的词汇、句型、语法等语言知识时,应考虑单元和模块的主题,还要结合故事的主题意义和学生已有知识基础,合理提取、准确定位故事的重难点。

▰ 案例

以教材四年级下册 Unit 2 的故事"The fox and the grapes"为例。

图 2.25

首先,借助图片整体引入,让学生带着任务安静倾听这个故事,并且根据故事内容来判断 4 幅图片的正确顺序,通过标号排序,初步理清故事脉络。然后,让学生在"How is the fox? What can the fox see? How does the fox feel?"等问题的引领下,提取故事信息,获取故事中的关键语句,同时初步了解故事主人公狐狸(the fox)的感受。接下来,让学生在"Can the fox eat the grapes? Why? How does the fox feel now? Who comes? Can the bird eat the grapes? How do you know? How does the fox feel now? What does the fox say to the bird?"等一系列问题的引领下,去观察图片、去思考,去阅读文本,揣测狐狸的心理活动,并且体验狐狸心情的变化,进一步梳理故事的发展过程。学生在阅读故事、完成任务的过程中,运用阅读策略和问题链,了解故事内容,抓住故事重难点,提取关键语句,进一步提高学习能力的同时,培养发散性思维,进行情感渗透。鼓励学生在追求梦想的道路上坚持到底,养成良好的品格、正确的人生观和价值观。

2. 精读文本,构建知识体系

精读有助于学生准确理解和运用从文本中提取出的核心词汇与句型,也有助于明确文章的主题意义和作者的写作意图。精读文本,就是要关注到文本的细节内容,并对文本产生深层次的思考。首先,教师可以围绕故事的标题进行解读。标题是故事的题眼,有些故事的标题可能是故事的主要角色,有些可能是主要事件,还有些可能是故事暗含的育人价值等。深入解读故事标题有助于学生抓住故事的核心。其次,提取的核心词汇和句型都是基于故事主题意义的。因此,学生要在特定的主题意义和故事语境中准确把握词汇和句型的意思,而不是孤立地理解词汇和句型。

此外,教材按"模块建筑式"编排,即单元内容围绕模块主题展开,不同年级会不断复现同一主题,各年级之间话题不断复现,知识螺旋上升。因此,在提取出故事的内在知识之后,教师还需要通览教材,横向整合本单元中与故事相关的知识内容,纵向整合全套教材中与故事相关的知识内容,从而构建完整的知识体系,让新旧知识融会贯通,为学生准确连续的口头表达做准备。

(八) 综合考量,精准制定目标

在深入解读故事的主题、情境、情节等要素和词汇、句型、语法等内在知识结构之后,我们还要基于模块和单元整体教学目标、基于各课时目标、基于故事主题和学情等,准确定位故事的教学目标。一般来说,故事教学的具体目标应体现在主题意义的引领下、语篇语境的带动下开展知识学习,并且要关注学生阅读方法和阅读素养的培养,引导学生享受故事带来的阅读乐趣和体会故事带来的深度思考,培养思维品质,并挖掘故事所隐含的育人价值。

■ 案例

以教材五年级下册 Unit 11 的故事"The story of Nian"为例(见图2.26)。

这是关于"年"的神话传说,从属于单元话题 Chinese festivals。整个单元介绍了中国的三大传统节日:the Spring Festival, the Mid-autumn Festival, the Double Ninth Festival,并重点描述了春节的习俗。故事"The story of Nian"是对春节文化的延续学习。那么,在教学这个故事

 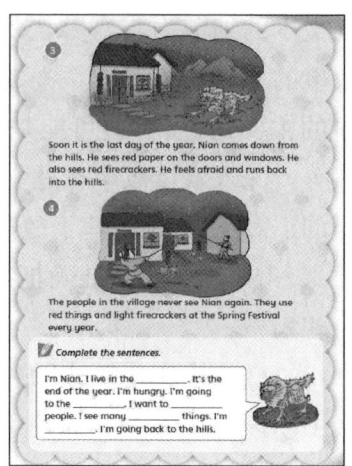

图 2.26

时教师就不仅仅是让学生学习这些节日习俗,更是要让学生感受和体验这些中国优秀的传统文化,增加学生对传统文化的认同感,增强民族自豪感和文化自信。在语言知识学习方面,教师应要求学生不仅要关注单个句子的含义,能够理解句子、段落的组合方式,还要纵向和横向分析知识的联系和知识的内在结构,关注同一知识内容在教材不同年级的复现,从而构建完整的知识体系。表 2.3 纵向和横向分析了"The story of Nian"在全套和本册教材中的位置。在分析故事内容之后,可按此精准制定教学目标。

表 2.3 "The story of Nian"故事分析

	单元	模块主题	单元话题	单元核心词汇
全套教材 Module 4 纵向分析	3B M4U11	Things we enjoy	Mother's Day	flower, photo, tea, cup, day, do, idea, love
	4B M4U11		Children's Day	song, zoo, cinema, museum, also
	5B M4U11		Chinese festivals	festival, important, call, end, village, last
	6B M4U11		Western festivals	Western, turkey, bright, laugh at, jack-o'-lantern

续　表

	单元	模块主题	单元话题	单元核心词汇
教材五年级下册 Module 4 横向分析	Unit 10	Things we enjoy	Great inventions	invention, watch, anywhere, travel, invent, myself, camera
	Unit 11		Chinese festivals	**festival, important, call, end, village, last**
	Unit 12		The giant's garden	wall, kind, through

小结

　　故事是真实的或虚构的用作讲述对象的事情,具有连贯性,富有吸引力,能感染人。教师要提高对故事的解读能力,首先要关注故事的价值取向、文本特征以及推进主线等三个方面,其次要做好对故事教学材料八个维度的细致解读,即:整体把握,梳理故事主线;研读图文,解析故事情境;对比辨析,定位角色特征;找准冲突,预测故事情节;深入理解,定位故事主题;基于学情,创编故事内容;围绕主题,解析知识结构;综合考量,精准制定目标。

第三节　如何处理故事教学材料

一、处理故事教学材料的原则

在处理故事教学材料时要关注的方面比较多。为了准确无误地解读故事文本,教师应遵循如下原则。

(一)趣味性原则

故事可以满足人的好奇心、娱乐心、探索心和游戏心。因此,故事是儿童学习的最佳材料之一。故事图文并茂、富含情境,故事的题材也往往是学生非常熟悉和感兴趣的,话题和内容趣味性十足。在处理故事材料时,教师首先应该充分考虑故事的趣味性,以唤起学生的共鸣,激发他们表达的欲望,为学生的语言学习和口头表达做好心理准备。

■ 案例

以教材三年级上册 Unit 8 的故事"Kong Rong and the pears"为例。

《孔融让梨》是三年级学生耳熟能详的故事,他们熟知故事情节,不需要预测故事的走向。因此,教师要想办法增加故事的趣味性来吸引学生。对此,可以结合教学实际对故事教学材料做如下两种处理。

一是增加故事角色。教师可以添加两个角色,分别是大梨和小梨。原来故事里两个梨是没有话语的,仅作为道具存在,教师可以赋予它们生命,让学生来表演这两个角色。这样一来,故事情节增添了许多自由创造的空间,增添了其趣味性。

二是充实故事内容。教师可以引导学生用他们已学的知识,猜想各个角色会说什么话,由学生补充人物对白,丰富故事内容。学生从他们的视角,用最简单的语言去表现角色,这不同于对情节的预测,虽然要求更高,但更容易激发学生的学习兴趣,降低后面复述故事的难度。同时,创设真实的语言情境,能够唤起学生的共鸣,激发学生的口头表达欲望。

(二) 育人性原则

故事的作者基于故事主题创设故事情境、设置情节发展、组织篇章结构、构建语篇意义,最终是为了表达一定的核心思想。从古至今,人们通过故事,记忆和传播了一定的社会文化传统和价值观念。因此,故事所蕴含的寓意和育人价值是故事的灵魂所在。小学生正处于情感发展的关键期,而学习故事既可以帮助学生掌握知识、发展技能,更可以促进学生在情感、态度、价值观等方面的协同发展。

例如:绘本故事《母鸡潘妮》于19世纪在英国出版发行后,深受儿童喜爱,目前已有多个版本并被翻译成几十种语言。在过去二百多年的时间里,潘妮作为全世界最著名的一只母鸡,在给孩子们带来欢声笑语的同时,也启迪了他们的思想:遇事镇定不慌张,偏听偏信不可取!

绘本故事虽然蕴含丰富的育人价值,但是对于单词量并不大的孩子来说,直接读英语绘本,理解绘本故事的内涵,有不小的难度。教师可以通过设计读前、读中、读后的教学活动,逐步挖掘故事内涵,渗透育人价值。

1. 阅读前——聚焦故事主题,激活知识储备

在设计导入环节时,教师要透彻分析故事文本,并且充分考虑学情——学生的年龄特征和认知水平。在热身环节,可以呈现封面,让学生结合自身实际畅所欲言,为故事学习做好铺垫。

2. 阅读中——深度解析语篇,理清文本脉络

在进入故事学习时,教师可以采用"解读封面—整体感知文本—细致解析故事—整体输出语言"的教学流程。通过图片环游法逐图解析,并通过问题引领,让学生揣摩人物的内心活动,培养学生的预测、推理能力。在此基础上,帮助学生体验角色,全方位、多角度地理解故事的主题意义。

3. 阅读后——利用板书结构，提升表达能力

教师根据文本内容设计直观形象的板书，帮助学生理清故事的脉络结构，并利用板书搭建语言支架引导学生清楚、完整地理解故事内容，并提炼其中所蕴含的道理。鼓励学生将所学道理切实运用到生活中去，真正实现故事的育人价值。

（三）整体性原则

故事具备完整的语言情境，能够将主题、角色、情节等故事要素和词汇、句型、语法等语言知识有机地串联起来。因此，教师在处理故事教学材料时要有效避免将词汇和语句从篇章和情境中剥离出来、让学生孤立学习和机械操练的现象，而要结合音频和图片等辅助学生在整体的故事语境中理解语言，在完整的语境中整体理解故事，挖掘故事内涵，为在整体故事语境中准确运用语言表情达意和基于故事发展思维能力作铺垫。

■ 案例

以《悠游阅读成长计划》系列绘本故事 *I Can Help* 为例。

故事的主人公是一个体格庞大的小怪兽。刚开始，所有的小动物看到他都感到害怕，哭喊着躲开。后来，在不同的地点（大树下、小河边、田地里）小怪兽分别用自己的鼻子、胳膊、头和脚帮助了小动物们。最后，小动物们不再害怕他，他们为他准备食物，和他成为了好朋友。

虽然授课对象是低年级学生，他们语言储备较少，但是教师要注意把握故事教学材料的整体性。

教师整体解读故事教学材料。该故事在情节、词汇、句型，单词及句型的复现等方面都做了精心设计。教师要注意在故事教学中融入自然拼读学习、高频词（sight words）运用和英语听、说、写等能力的训练等。

学生整体感知故事教学材料。教师在分析故事的基础上，可以根据故事语言和内容的特征引导学生采取读图、预测等阅读方法整体感知，和学生在读图、预测、推理的过程中交流故事情节的发展，帮助学生享受有趣的故事和体验阅读的快乐。通过有趣的活动吸引学生的注意力,解决生词的输入问题。鼓励学生大胆运用故事中不断复现的语言结构,最终能够自然输出"I can help ...",在表达中体会帮助他人的快乐。

教师对故事教学材料的整体把握既有助于提高学生的英语阅读能力,又能提升学生的英语写作能力和对英语文学作品的鉴赏能力。

二、处理故事教学材料的方法

在选择合适的故事并进行深入的解读之后,教师就要选择一定的方法对故事进行加工和处理,使故事的语言、结构、难度、篇幅等更加符合学生的认知水平和单元教学目标的要求,更有助于提高学生的口头表达能力。

(一) 调整故事的篇幅

教师可以基于单元整体教学目标的要求,基于故事的语境和主题意义,整合学生与故事相关的生活经验,适当增加或减少故事的篇幅。可以在故事留白的地方增加新的语言或情节,使得故事在角色刻画、情节描述等方面更加细腻、丰满;可以在故事末尾增加总结性的语言,使得结尾画龙点睛、寓意深刻;可以通过删减故事的图片、文字等来减少故事的篇幅,减少干扰学生学习故事的信息,帮助学生加深对故事的感知理解,也更易于学生进行口头表达。以下是对故事"The emperor's new clothes"的篇幅调整。

1. **故事名称**:The emperor's new clothes
2. **来源**:教材五年级下册 Unit 8
3. **原图片一的文本**:

There is an emperor. He likes beautiful clothes. One day, a man visits him with some nice clothes.

"Which shirt do you like?" the man asks.

"I like the green one," says the emperor.

4. **调整后图片一的文本**:

There is an emperor. He likes beautiful clothes. One day, a man visits him with some nice clothes.

"Your Majesty, I have some nice clothes," the man says.

"Good! I like beautiful clothes. Let me have a look," says the emperor.

"Which shirt do you like?" the man asks.

"Um, I like the green one," says the emperor.

5. 为什么要进行调整？

对故事这一部分的调整是对教材故事内容的适当增补，一是为了更好地帮助学生理解故事的创作背景。这篇故事写于 1837 年，讥讽了当时的贵族和宫廷。增加"Your Majesty"的称谓，更好地体现故事场景。二是增加人物对话，加强对人物心理的刻画，有助于加深学生对人物性格特点的理解。

6. 怎样进行调整？

根据原故事展开想象，加入情境性对话，将人物的内心独白用对话表现出来。

（二）调整故事的难度

基于对学情的充分了解和准确把握，教师可以合理调整故事的难度，有效提高或降低学生口头表达的难度。教师可以通过替换同义词、补充对长难词的阐释、简化故事的语言表述等手段来降低故事的难度。对于难度较低的故事，教师也可以化简为繁，将简单的故事语言用较难的语言进行描述，将简短的故事情节用更加丰富的语言来展开等。降低或适当增加故事的难度，可以使得故事更加符合学生的认知水平，更有助于学生开展准确的口头表达。下面是一个调整故事难度的示例。

1. **故事名称**：The journey of Little Water Drop
2. **来源**：教材五年级上册 Unit 11
3. **原故事**：

Little Water Drop lives in the sea. It is raining. "I want to be up in the sky," says Little Water Drop.

The sun shines and Little Water Drop gets hot. He goes up to the sky. It is cool there. Now he is in a cloud. "Hooray! I'm up in the sky," he says happily.

Little Water Drop flies over rivers and mountains. One day, he sees some trees. "We are thirsty. We need water," say the trees.

Little Water Drop falls down to the ground. A tree drinks him. Now Little Water Drop is inside the tree.

4. 调整后的故事:

"I am Little Water Drop, I am small and clean. I like travelling. I can go anywhere." Little Water Drop lives in the sea. It is raining. "I want to be up in the sky," says Little Water Drop.

The sun shines and Little Water Drop gets hot. "I'm getting hotter and hotter. I become Water Vapour." He goes up to the sky. It is cool there. Now he is in a cloud. He gets smaller and smaller. He becomes a water droplet. "Hooray! I'm up in the sky," he says happily.

Little Water Drop flies over rivers and mountains. He gets bigger and bigger. One day, he sees some trees. "We are thirsty. We need water," say the trees.

Little Water Drop falls down to the ground. A tree drinks him. Now Little Water Drop is inside the tree. What about other water drops?

5. 为什么要进行调整?

学生对《小水滴的旅行》这篇故事所涉及的自然界的水循环过程较为熟悉,本故事在内容上低于学生原有的知识基础和认知水平,所以适当提高故事的难度,从而有效提高学生口头表达的能力。

6. 怎样进行调整?

在原有故事基础上,拓展语言,增加较难的单词,如 vapour、droplet 和 hotter、smaller 等形容词比较级。

(三) 调整故事的结构

除了调整故事的图片、文字等内容,教师还可以根据需要适当调整故事的框架结构,使故事的内在逻辑结构更加符合学生的认知水平,更有助于学生连续的口头表达。常用的方法是转换句子的表达方式、调整故事的编排结构等。比如,可以将对话形式的故事文本转化成叙述性的故事文本;可以将故事的叙述方式改成倒叙,开门见山设置悬念,从而激发学生的阅读兴趣;可以将"总—分"形式的故事结构改成"总—分—总"的故事结构,使得故事首尾呼应更加完整;等等。下面是对故事"Alice in Wonderland"的结构调整。

1. **故事名称**:Alice in Wonderland
2. **来源**:教材五年级上册 Unit 8
3. **原故事**:

① Alice sees a white rabbit in the garden. The rabbit is wearing a coat!

② Then the rabbit runs away. Alice runs after him.

③ The rabbit jumps into a big hole. Alice jumps into the hole too.

④ Alice finds a small door and a small key.

⑤ Alice opens the small door with the key. She cannot get through the door. "What can I do?" she thinks.

4. **调整后的故事**:

① Alice sees a white rabbit in the garden. The rabbit is wearing a coat!

② Then the rabbit runs away. Alice runs after him.

③ The rabbit jumps into a big hole. Alice jumps into the hole too.

④ Alice finds a small door and a small key.

⑤ Alice opens the small door with the key. She cannot get through the door. "What can I do?" she thinks.

⑥ Alice sees a small bottle on the table. She drinks the water in the bottle. She becomes smaller and smaller. She can get through the door! What will she see outside of the door?

5. **为什么要进行调整**?

本故事取材于童话《爱丽丝漫游奇境》,是其中的一个片段。部分学生对这个故事有一定的了解,他们已读过相关书籍或看过相关动画片和电影,但部分学生之前是零接触。为了让学生有更加清晰和完整的故事体验,教师补充了故事情境,有助于学生口头整体复述故事,也为接下来的奇遇埋下伏笔,进一步激发学生的口头表达欲望。

6. **怎样进行调整**?

参照教材的课后练习进行文本再构,给故事加一个结尾。将之前故事的"总—分"结构进一步完善,成为"总—分—总"结构。

三、故事教学对发展口头表达能力的支撑作用

深度解读故事,在剖析故事的类型、主题、情境、角色、语言等特点的基础上,进一步明晰在故事教学中对口头表达的培养目标和达成效果,从而更好地确定故事教学对发展学生口头表达能力的支撑作用。

不同类型的故事都能培养学生的口头表达能力。历史故事、传记故事可以培养学生口头介绍历史人物、传说的能力,童话故事、寓言故事可以培养学生口头叙述故事大意和口头论述故事寓意的能力,科普故事可以培养学生口头说明自然现象和实验步骤的能力,戏剧故事可以培养学生口头互动的能力。

故事中的角色和情境设置为训练学生口头表达能力提供了途径。小学英语故事的情境都与学生的知识基础和生活经验紧密联系。教师可引导学生口头描述故事发生的时间、地点等背景信息,口头描述故事中人物的特点等。根据故事发展的情节讲故事可以训练学生整理思路和口头描述起因、经过、结尾的能力。

故事的语言特点有助于学生理解并进行口头输出。不同年龄阶段阅读的故事有着不同的语言特点。小学英语故事普遍的特点就是语言的重复性。词汇和句型重复出现,增加了输入频率,有助于学生的口头表达的输出。适用于低龄儿童的初级绘本故事往往只呈现一种固定的语言结构,非常符合他们的语言基础和认知水平。

有的故事教学活动对发展口头表达能力的支撑作用是单一的,而有的故事教学活动对发展口头表达能力的支撑作用是多方面的。下面我们结合三个具体案例(见图 2.27 至图 2.29)说明故事教学对发展口

头表达能力的支撑作用(见表 2.4 至表 2.6)。

■ 案例一：故事"Good night"

图 2.27

表 2.4　故事"Good night"的教学活动对发展口头表达能力的支撑作用

故事来源	故事类型和内容	课标要求	《能力量表》		
			能力等级	口头互动能力	口头表达能力评价
某报纸	对话。主人公波比(Bobby)与朋友和家人道别，体验并表达道别的礼貌用语。	一级：在语境中与他人互致简单的问候或道别；大声跟读音视频材料，正确朗读学过的对话、故事和文段。	一级	能朗读波比和爸爸妈妈之间的简短对话，并用正确的道别语"See you tomorrow. Good night. Have a nice dream."礼貌道别，与他人口头互动。	我能朗读故事中的人物对话，运用礼貌用语与他人口头互动，互相道别。

续　表

读中教学片段：
Activity 1：Listen and say.
Bobby：I'm all clean. I'm ready for bed. Good night, Dad and Mum.
Dad and Mum：Good night, Bobby.
学生大声朗读对话，在听说训练中，运用"Good night!"口头互致晚安，训练口头互动能力。
Activity 2：Read and match.

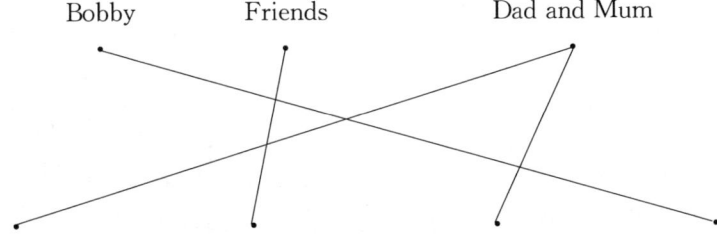

在阅读时匹配关键信息，强化运用道别语与他人口头互动，互致道别。

■ 案例二：故事"Auntie Pang"

Auntie Pang

Auntie Pang lives next to us. She is kind and warm. She loves eating very much.

But her eating habits are not healthy! She likes eating pizza, hamburgers, and ice cream. She eats a lot and drinks too much cola every day. She doesn't watch her weight at all.

Auntie Pang doesn't exercise. She sits in front of the TV most of the day. So she often gets ill and goes to see a doctor.

"You have to look after yourself," the doctor says to Auntie Pang. "You have to change your eating habits. And you have to exercise every day!"

图 2.28

表 2.5　故事"Auntie Pang"的教学活动对发展口头表达能力的支撑作用

故事来源	故事类型和内容	课标要求	《能力量表》			
			能力等级	口头描述能力	口头论述能力	口头表达能力评价
网络	人物故事。主人公胖阿姨的性格特点和饮食、生活习惯。	二级：完整、连贯地朗读所学语篇，在教师指导下或借助语言支架，简单复述语篇大意；围绕图片内容，写出几句意思连贯的描述。	二级	根据故事的主要内容，口头描述胖阿姨的饮食和生活习惯。	口头论述胖阿姨的饮食和生活习惯是不健康的，并且论述怎样才能拥有健康的生活方式。	我能朗读故事，口头描述主人公不健康的饮食和生活习惯。能口头论述不健康的生活习惯带来的危害和有哪些健康的生活模式。

教学片段：
While-reading：
1. Read and underline Auntie Pang's bad habits.
2. Answer the questions.
● What does Auntie Pang usually eat?
● How does she spend most of her day?
● Does she like sport?
● What does the doctor say to her?
通过阅读回答问题并划出关键信息，口头描述主人公不健康的饮食和生活习惯。

Post-reading：
Think and answer the questions.
What do you think of Auntie Pang's habits? Healthy or unhealthy?
口头论述"Auntie Pang's habits are unhealthy."进一步口头论述怎样才能拥有健康的生活方式："We should eat more/less … We should do more exercise every day. It is healthy."

案例三：故事"The lonely penguin"

图 2.29

表 2.6 故事"The lonely penguin"的教学活动对发展口头表达能力的支撑作用

故事来源	故事类型和内容	课标要求	《能力量表》				
			能力等级	口头指示能力	口头说明能力	口头叙述能力	口头表达能力评价
某绘本	科普故事。关于主人公小企鹅跋山涉水寻找朋友的经历，体会企鹅的生存本领和群居生活习性。	二级：完整、连贯地朗读所学语篇；简单描述事件或讲述简单的小故事；模仿范文结构和写几句连贯的话。	二级	根据故事情境，说出主人公寻找朋友的途径，口头指示路线、方向等信息。	能简单介绍主人公小企鹅寻找朋友所用的方法，口头说明主人公的技能。	能口头叙述主人公小企鹅寻找朋友的过程及经历。	我能朗读故事，口头说出企鹅寻找朋友的路线，口头介绍主人公小企鹅的生存技能和群居生活，并口头叙述小企鹅寻找朋友的过程及经历。

续 表

教学任务:
Task 1:(信息差任务)在故事情境中,选出小企鹅寻找朋友经过的地点,标出序号,并按照故事发展的顺序口头指示路线。

under the tree (×)　　in the water (5)　　on the grass (×)　　in the snow (3)
on the ice (2)　　　　on the hill (1)　　　in the hole (×)　　 in the air (4)

Task 2:(表格式任务)请根据故事情节,将小企鹅的各项技能填入表格内,并运用句型"He can..."口头说明。

the water	the air	the snow	on the ice	on the hill
swim	jump into	run through	slide	climb up

Task 3:(总结性任务)根据故事内容填空,复述故事大意。口头叙述小企鹅寻找朋友的经历。
Penguin is _____. He is _____ his friends. He climbs up the _____. He's _____ on the ice. He's _____ through the snow. He _____ into the air. Splash! Penguin finds his friends in the _____.

小结

  对故事进行准确全面的解读是有效开展故事教学的第一步。教师要真正走进故事,分析故事的主题、情境、角色、情节等,准确把握故事的文本特征;整体把握故事,提取故事主线,深入解析故事情境,体验故事的情节发展;剖析故事内在结构,感悟故事内涵,准确定位故事的主题意义和育人价值。因此,对故事文本的解读不应只停留在对词汇、语音、句法等语言知识的解读,更应是对故事育人价值、文本特征和逻辑主线的深入解读。此外,教师还要善于根据故事的特点确定故事教学对发展学生口头表达能力的支撑作用,为有效开展故事教学和发展学生的口头表达能力做好充分的准备。

第三章
怎样借助故事教学发展学生的英语口头表达能力

第一节　怎样定位故事教学

英语单元整体教学就是将英语学科的教学内容以单元为基本单位进行教学。教师围绕单元主题对教学内容进行整体规划，挖掘单元主线，拟定单元目标和分课时目标，找准重难点，为单元中各个课时、各个板块做到整体教学创造条件。

整体语言教学(the whole language approach)倡导一个主题概念多角度、多层次地反复出现，使学生有机会把已掌握的知识和经验与要完成的学习任务结合起来，使新旧知识在头脑里形成网状记忆和联想，培养学生的语言能力，使英语学习的质量产生飞跃。

故事教学注重在教学中运用故事这一文学体裁，将教学内容有机地组织起来进行整体理解，对学生的语言学习有很多好处。基于单元整体设计的故事教学，就是从单元主题的角度来确定教学目标，充分考虑语言学习的渐进性和持续性，根据故事的背景、情节和育人价值，有效设计教学活动，促进学生口头表达能力的整体提升和思维能力的提升。

一、基于学生的认知基础

基于单元整体的故事教学应该遵循故事内在的逻辑系统以及学生认知发展的逻辑顺序。学生学习英语的过程实际上是学生在已有知识和语言能力及环境因素的基础上主动认知的过程，同时也是思维理解的过程。认知离不开语言，语言是思维的外在表现形式。教师要以每个年龄段学生的认知水平为基础，选择学生感兴趣并熟悉的话题，紧密联系模块单元主题，通过图文并茂的形式，将故事情境与学生所具备的语言能力结合起来，鼓励学生学习语言、发展口头表达能力。表 3.1 是根据《课程标准》和《能力量表》的相关表述,从认知发展特点、已学话题、语言能力基础等三个方面对学生基础的分析。

表3.1 小学生认知水平及语言能力基础分析

基于学生的基础	认知发展特点	笼统感知事物,注意表面现象;学习的直观性、形象性强;无意记忆显著;具体形象思维过渡到感知的准确性和系统性增强;有意注意不断增强;理解能力、逻辑能力增强,抽象记忆占主导;抽象逻辑思维能力增强。
	已学话题	数字、颜色、玩具、身体部位、食品、天气、个人情况、家庭、交通工具、时间、服装、动植物、学校、朋友、职业、文体活动、节日、生态环保
	语言能力基础	《能力量表》——英语语言能力一级、二级口头表达能力标准: 能说出常见事物的名称。 能简单表达个人喜好、介绍自己或熟悉的人,必要时用指示代词或肢体动作来辅助表达。 能在有帮助的情况下参与简单的交际活动,必要时能用简单的词汇要求对方重复。 能用简单的语言进行基本的日常交流,发音清楚,语调基本正确、自然。 能经过准备作简短的口头陈述或叙述,使用替代词等手段解释自己不会直接表达的信息。 能借助提示进行简单的描述,如熟悉的人、事物、地方等。

案例

以教材六年级下册 Unit 2 Changes in our lives 为例。本单元的授课对象为六年级学生。学生的年龄普遍在11~12岁,他们对周围的事物有好奇心并且具有一定的想象力。同时,六年级学生已从具体形象思维向抽象逻辑思维过渡,语言感知的准确性和系统性增强。因此,教师需加强语境创设,让学生在适切的语境中理解和运用语言,发展口头表达能力。

经过三年半的英语学习,学生已经积累了一定量的语言知识,口头表达能力已基本达到《课程标准》规定的二级语言能力目标要求。他们能借助提示进行简单的物品描述,能口头描述过去和现在的事件,能借助图片和教师的帮助口头叙述经历和故事,并具备一定的通过阅读文字和图片获取信息的能力。Changes in our lives 是学生之前较少接触的话题,但学生对日常生活的变化并不陌生,对环境、住所、电子产品等的变化有一定的体验。在此前的英语学习中,学生已经学会了许多有关职业、生活和交通工具等相关表达。在时态方面较好地掌握了一般现在时和一般过去时相关的句型表达,为本单元的口头输出做了很好的铺垫。

基于此学情,教师在教学本单元的故事"The happy farmer and his wife"时增设课堂活动：复述(retelling)——学生在故事语境中口头叙述农夫、妻子和仙女之间的故事,在语言实践中体验"幸福是什么",培养口头叙述故事大意的能力;角色扮演(role-playing)——学生在模拟的情境中介绍自己扮演的角色并表演,在语言的运用中增强口头表达的逻辑性和系统性,培养基于故事剧本的口头互动能力;讨论(discussion)——学生展开丰富想象创编结尾部分,口头表述故事人物特点,结合生活经验和自身认知,发表对"幸福的真谛"的看法并论述理由,提升口头论述故事寓意的能力。

基于学情的活动设计在强化学生口头表达能力的同时,也培养了学生正确的价值观,提升英语学科综合素养。

案例

以四年级下册 Unit 3 的故事 Henry's new friends 为例。根据表3.1 可知,四年级学生以直观形象学习方式为主,他们具有一定的分析能力,可以进行简单的推理和探究。四年级的学生对自然界充满好奇,对本单元的话题很感兴趣。学生口头描述和叙述能力已基本具备《课程标准》规定的一级语言能力目标要求。他们能认识单词、短语和简单句的结构;能借助图片读懂语言简单的短小故事,理解基本信息;能借助语音、语调、手势、表情等判断说话者的情绪和态度;能在语境中理解简单语言所传递的意图。基于学情,教师做了如下调整。

教学目标:在图片帮助下,获取"亨利新朋友"的过程信息,并口头梳理和概括影子形成原理。运用关键信息,复述、表演、创编故事,感受故事学习的乐趣,从中体验并领悟影子形成的原理。根据图片和已有的生活及学习经验,能够理解影子形成原理并拓展运用,增强科普意识和生活技能。

教学重点：学生能够理解并根据思维导图复述故事，同时注意动词的第三人称单数变化形式。能基于故事情节，联系生活实际，描述影子形成的原理并运用到实际生活中。

教学难点：学生能够理解并描述影子形成的原理。学生在描述故事时，能正确使用动词的第三人称单数的变化形式。

教学目标的调整更加突出了以单元话题为主题、以学生为主体的整体教学理念。学生在已有知识、语言能力及生活经验的基础上，主动参与，认知和思维，落实课程核心素养。

二、基于单元话题与功能

模块、单元、课时三者之间存在着关联。通过系列话题之间的关联，使学生对整个模块和单元的学习活动和任务产生整体感，并围绕话题有效地构建相关的语言知识体系。

（一）梳理单元与课时之间的关系

《课程标准》指出，英语课程要培养的学生核心素养包括语言能力、文化意识、思维品质和学习能力等方面。语言能力核心素养的基础要素，文化意识体现核心素养的价值取向，思维品质反映核心素养的心智特征，学习能力是核心素养发展的关键要素。教师需精选课程内容，围绕核心素养综合表现，整合设计教学单元。单元整体教学设计要基于对教材的整体解读，明确单元话题、功能和课时教学的关系，使单课时教学目标服务并支撑单元教学目标，且具有逻辑性和递进性。

例如：在教材六年级下册第一模块教学中，教师以 Changes and differences 为模块主题，聚焦个人体貌、生活住所、学校环境、工作和生活方式的改变等，以贴近真实生活的内容来进行语言输入和输出。以模块、单元任务为基础，安排教学内容，如表 3.2 所示。

表 3.2　教材六年级下册 Module 1 内容分析

模块主题	口头表达能力目标	单元话题	单元任务	课时
Module 1 Changes and differences	运用思维导图总结梳理自己的生活及周围环境的变化。准确流利口头叙述并正确书写印象深刻的几项变化。口头论述对各种变化的看法。达到口头表达能力二级水平。	Unit 1 You and me	拍照片并口头描述自己和他人体貌的不同之处。口头叙述城市和乡村生活的异同。	3
		Unit 2 Changes in our lives	做调查，口头描述过去和现在生活的不同。写一份调查报告，并口头交流调查结果。	3
		Unit 3 Our school in the future	画出学校的过去、现在和将来。口头叙述学校的变化过程。	3

以表 3.2 中 Unit 2 Changes in our lives 为例，教师依据单元设计思路，以"变化"为主题，从学生的认知基础出发，聚焦工作方式的改变，以论述工作方式的变化、辩证看待变化、论述生活各个方面的变化为线索设计了三个课时。每个课时之间相互关联，以贴近生活的内容来进行语言输入和输出，培养学生的辩证思维能力。本单元三个课时的划分如表 3.3 所示。

表 3.3　教材六年级下册 Unit 2 课时划分

课时	话题	话题内容的设定依据及口语学习目标
Period 1	Changes in the ways of working	根据教材 Listen and say、Look and learn 等板块内容，设定话题 Changes in the ways of working。口头描述工作方式的改变，并口头表达对各种变化的看法和观点。
Period 2	Changes and happiness（故事教学）	根据 Read a story 板块的故事"The happy farmer and his wife"整体设计，形成与第一课时承接的话题 Changes and happiness。口头讲述、续编故事，口头叙述故事情节，口头描述人物特征并口头论述人物性格。

续表

课时	话题	话题内容的设定依据及口语学习目标
Period 3	Changes of all	根据 Do a survey、Listen and enjoy、Learn the sounds 等板块内容并对前两个课时进行延续拓展,形成话题 Changes of all。 口头描述生活的变化和时代的变迁,提升口头论述和互动能力。朗读再构语篇,以读促写。

又如教材六年级下册 Unit 4。该单元内容围绕主题 Art 展开,以口头描述名画、口头介绍画家、口头说明自己喜欢的名画为教学线索,让学生感受艺术的魅力,提升艺术素养。并通过学习伟大的艺术家的故事,认识到成功不仅靠天赋,更重要的是努力和坚持。本单元三个课时的划分如表3.4所示。

表3.4 教材六年级下册 Unit 4 课时划分

课时	话题	话题内容的设定依据及口语学习目标
Period 1	Know the paintings	根据教材 Listen and say、Look and learn、Ask and answer 等板块内容,设定话题 Know the paintings。 口头描述名画,欣赏画作,培养审美意识。
Period 2	Know the artists（故事教学）	根据 Read a story 板块的故事"Little Leo's lessons"整体设计,延伸第一课时话题 Know the paintings。 口头描述介绍画家。口头叙述达·芬奇从小学画的经历,体会成功不只靠天赋,更要靠努力。通过 Culture corner 板块的学习比较和鉴赏中外艺术品,培养审美情趣。
Period 3	My favourite paintings	结合 Think and write 和 Learn the sounds 板块,对前两个课时进行总结。确定话题 My favourite paintings,综合提升口头表达能力和思维品质。 口头描述自己喜欢的名画并制作名画卡片(painting card)。

还有一种以系列故事连接各课时来设定单课话题的方式。通过整合单元板块内容,以系列故事为载体,规划设计课时目标下的教学话题。单元内几个课时话题之间的关联性使学生对整个单元的学习任务产生整体感,并能围绕话题有效地建构语言知识体系。

例如，在教材三年级下册 Unit 4 教学中，教师围绕单元话题 Animals in the zoo，整合教材板块内容，规划设计了两个课时的教学话题，如表 3.5 所示。

表 3.5　教材三年级下册 Unit 4 课时划分

课时	话题	话题内容的设定依据及口语学习目标
Period 1	The old man and the monkeys（故事教学）	根据教材 Enjoy a story、Learn the sounds 等板块内容，确定话题 The old man and the monkeys。 要求学生能简单口头描述猴子的体貌特征和生活习性等，能朗读猴子和老人的简短对话，并能表达二者的心情变化。
Period 2	The old man and the animals	根据 Listen and say、Look and learn、Draw and write 等板块整体设计，再构语篇，复现第一课时话题，并延伸到本课时，将两个课时融为一体。 以主人公的描述引入，要求学生口头介绍更多动物园动物的特征。

不论是单元整体下的单课时故事教学，还是连续多个课时的故事教学，都依据单元整体设计，使得课时之间有序发展，真正实现了对学生口头表达能力培养的渐进性和持续性。

（二）明确单元目标下各板块的任务

小学英语教材通常以某一话题引领一个单元的教学。教师在教学设计时要以这个单元话题为主线，将单元的各个板块串联起来，从而优化板块组合，形成单元整体设计。

▎案例

以教材六年级下册 Unit 2 Changes in our lives 为例（见图 3.1）。Look and learn 和 Listen and say 是单元核心板块，Do a survey、Read a story、Listen and enjoy 和 Learn the sounds 则是非核心板块。核心板块贯穿于整个单元教学中，需要在每个课时不断复现和操练，非核心板块则是起到支持核心板块的作用。

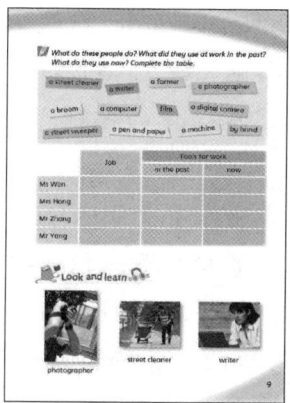
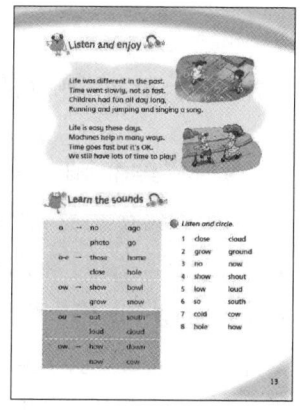

图 3.1

　　Listen and say 板块呈现四个不同职业的人过去和现在工作方式的变化，体现科技发展给人们生活带来的改变。学生在 Look and learn 板块学习 photographer、street cleaner 和 writer 三个与职业有关的单词。Read a story 板块呈现了故事《快乐的农夫夫妇》，讲述农夫夫妇二人不贪恋富贵，知足常乐，最后得到仙女祝福的故事。Do a survey 板块是关于生活方式变化的调查，要求学生根据图片提示或实际情况完成表格，并用句型"In the past ... Now ..."汇报调查结果。Listen and enjoy 板块呈现了一首关于过去和现在生活方式变化的儿歌。Learn the sounds 板块归纳和总结发 /əʊ/ 和 /aʊ/ 音的字母和字母组合。

　　基于本单元话题 Changes in our lives，第一课时串联了教材 Listen and say 和 Look and learn 板块内容，学生口头描述工作方式的改变；在

第二课时中学生通过学习 Read a story 板块内容，体会变化与幸福的关系；第三课时整合了 Do a survey、Listen and enjoy、Learn the sounds 等板块内容，学生综合表述生活中的各种变化。这就体现了单元话题引领下各个板块的整合。

根据《课程标准》"语言能力学段目标"二级目标要求，结合单元各板块的任务，本单元需要达到的口头表达能力要求为：在适切的语境中，能用核心语言进行现在与过去生活的对比交流，发音清楚，语调基本正确、自然；能经过准备作简短的口头陈述或叙述，谈论不同工具变化体现生活的改变，并能借助提示进行口头互动，交流生活改变的利与弊。

三、基于单元预设的目标

《课程标准》在"课程实施"中明确指出，推动实施单元整体教学。教师要强化素养立意，围绕单元主题，充分挖掘育人价值，确立单元育人目标和教学主线；深入解读和分析单元内各语篇及相关教学资源，并结合学生的认知逻辑和生活经验，对单元内容进行必要的整合或重组，建立单元内各语篇内容之间及语篇育人功能之间的联系，形成具有整合性、关联性、发展性的单元育人蓝图；引导学生基于对各语篇内容的学习和主题意义的探究，逐步建构和生成围绕单元主题的深层认知、态度和价值判断，促进其核心素养综合表现的达成。为此，教师要在充分学习《课程标准》的基础上，掌握单元整体设计的真正内涵。

单元整体目标和分课时目标的设定，使得教师在教学中有效落实课与课连接、递进的要求，达到让学生整体感知语言的效果，最终使学生在不同课时中获得口头表达的不同体验，积累学习经历，提升口头表达能力。

▎案例

以教材六年级下册 Unit 2 为例。教师制定单元教学目标如下：

◆ 能够运用核心词汇 writer、photographer、street cleaner 等和句型"In the past ... Now ..."口头描述生活中的各种变化；能读懂、口头讲述、复述和续编故事《快乐的农夫夫妇》，并体会人物内心情感；掌握 o、o-e、ow、ou 的发音规律并口头辨析它们在单词中的发音。

◆ 能够在读懂工作方式变化的过程中,根据语意正确使用一般过去时和一般现在时,口头和书面叙述生活的变化及时代的变迁,全面提升综合语言运用能力;通过故事学习掌握略读等阅读技能,运用思维导图梳理故事情节并能口头概括大意。

◆ 能够通过过去和现在使用的工具的改变,感受到科技给人们带来的便利,同时也认识到并不是所有的改变都是有利的,并口头论述变化的利与弊,辩证看待问题;通过学习农夫夫妇的故事,体会到真正的幸福快乐是靠自己努力奋斗得来的,从而培养正确的金钱观和价值观。

本单元三个课时的教学目标如表 3.6 所示。

表 3.6　教材六年级下册 Unit 2 课时教学目标设定

Period 1	Period 2(故事教学)	Period 3
Changes in the ways of working	Changes and happiness	Changes of all
能够感知、理解、初步运用核心词汇 writer、photographer、street cleaner 和核心句型"In the past ... Now ...",口头描述有关工作方式的变化。	在第一课时基础上,较熟练地运用核心语言"I can give you ... Then you will/won't ... ... , but ..."对比现在和将来的变化。正确流利地讲述和复述故事。	分辨语音 /əʊ//aʊ/。在前两个课时基础上,能够熟练运用核心语言"In the past ... Now ..."口头表述生活中的变化,并进行书面表达。
在阅读文本时,能通过速读、略读、精读等方式提取关键信息,并根据关键信息和表格,用核心语言口头描述工作方式的不同之处。	能够运用速读等方式提取故事关键信息。用预测的方法理解故事内容,理清故事脉络。在思维导图的帮助下完整地复述故事。对故事进行合理联想并创编结尾。	能在调查活动和阅读文本时提取关键信息;熟练运用核心语言描述生活中的变化。
能够在读懂工作方式变化的过程中了解生活和时代的变迁。感受工具的进步让生活更加美好,但也要辩证看待工作方式的变化,口头论述变化的利与弊。	在对故事的阅读和思考中体会幸福的真谛,培养正确的价值观。	能够根据自己的理解,口头描述各个时代生活的变化,辩证看待各种变化。从生活的变化中,培养热爱祖国的情怀和体会奋斗才能创造幸福生活的价值观。

在本课例中，教师基于单元整体教学设计，关注每一课时语言知识的落实与口头表达能力的培养，同时也做到了单元口头表达任务的落实。

四、基于单元核心内容

基于单元整体的核心内容设计，可以采用下列基本设计流程，如图3.2所示。

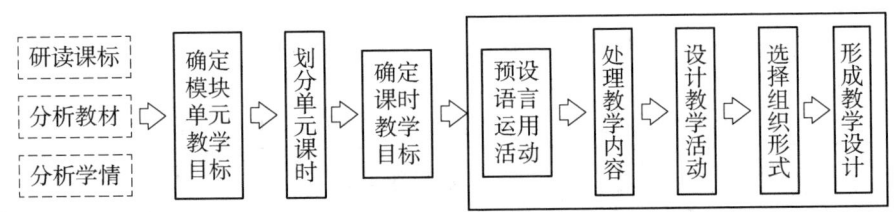

图 3.2

下面以六年级下册 Unit 2 第二课时"The happy farmer and his wife"故事教学为例，阐述故事教学在单元中的定位与作用。

（一）预设口头表达活动

在本故事的教学中，教师设计听音模仿、复述故事、角色表演、创编结尾等口头表达活动，旨在训练学生的口头描述、口头叙述、口头互动、口头论述等综合口头表达能力，确保语言学习的渐进性和持续性，促进学生口头表达能力的整体提升和思维能力的融合发展。

活动一：Listen and repeat（听音模仿）

T：The fairy wanted to change the farmer's life. Did the farmer and his wife want to change?

Ss：Yes, they did. /No, they didn't.

T：Why? Let's listen together and repeat the reason.

本活动中，教师引导学生听音模仿跟读，找到农夫和妻子不想改变生活现状的原因，体验人物的内心情感，从声像媒体中获得正确的语言输入，为模仿输出语言作铺垫。

活动二：Read the story loudly and emotionally（有感情地朗读故事）

T：What are the fairy's wishes for the farmer and his wife? Do you like the farmer and his wife? Please read the story loudly and emotionally.

本活动中，教师引导学生有感情地大声朗读课文，读出故事的核心内容和角色情感变化，深刻领悟故事语境的同时，培养学生的语音、语调和语感。

活动三：Retell the story with the mind map（利用思维导图复述故事）

The teacher shows the key words on the board and the students complete the mind map and retell the story with the mind map.

本活动中，教师引导学生复述故事。根据思维导图和关键信息，学生理清故事脉络，并通过复述故事锻炼思维能力和口头描述和叙述能力。

活动四：Talk about what happiness is（谈论幸福的真谛）

T：What is happiness? What do you think about happiness?

本活动中，教师引导学生讨论幸福的真谛并论述理由，培养学生正确的价值观，提升口头论述的能力。

活动五：Make up an ending（创编结尾）

T：What happened next?

Students make up an ending.

本活动中，教师引导学生为故事续编结尾，充分挖掘学生的想象力，培养口头叙述能力。

活动六：Role-play（角色扮演）

T：Do you like the story? Let's act out the story.

(Group work) Students act out the story.

本活动中学生四人小组表演，将故事内容转化为剧本，增强与角色和情节的互动，提升口头叙述和口头互动的能力。

（二）设计故事教学路径

处理故事教学内容，我们常用的教学路径有：持续默读（sustained

silent reading)、图片环游(picture tour)、故事地图(story map)、拼图阅读(jigsaw reading)、阅读圈(reading circles)、"三知"(K-W-L)教学法等。

  实施故事教学时，教学路径不是单一的，而是多种路径结合在一起相辅相成的。比如：开展本课时故事教学的读前环节采用了"K-W-L"路径、头脑风暴，读中环节运用了故事地图聚焦故事发展的要素，读后环节凸显了概括大意和复述故事等活动，如表3.7所示。

表3.7　教材六年级下册 Unit 2 Period 2 故事教学路径

环节	路径	口头表达活动
Pre-reading	● Brainstorming 1. Changes in the ways of working 2. What changes are good/bad? 3. ＿＿＿＿(changes) make me unhappy/happy.	承接第一课时内容，运用"In the past... Now..."口头谈论工具的变化带给我们生活的改变。头脑风暴话题 Changes and happiness，口头论述变化的利与弊。
	● K-W-L (Know — Want — Learn) changes to the farmer→happy or unhappy→story	口头表述农夫生活的变化，预测结局和人物情感变化，引出故事内容。
While-reading	● Story map characters — setting — problem — events — ending	聚焦故事发展要素，对比农夫现在的生活和仙女许诺的未来生活，并口头分享观点。
Post-reading	● Summarizing, retelling	口头讲述、复述故事，并创编结尾。

  从上表可以看出，通过不同的教学路径来发展学生的口头表达能力，能形成有效的口头表达策略。

（三）设计故事教学活动

  设计故事教学活动的基本思路是"阅读前期准备—阅读中期推进—阅读后期活动"。课堂学习过程中，优化活动设计可以促进学生语言和思维融合发展,突出学生自主、合作、探究的学习方式的转变。根据《能力量表》中口头表达能力二级标准和本课时预设的口头表达目标,教师设计本课时教学活动如表3.8所示。

表3.8　教材六年级下册 Unit 2 Period 2 教学步骤

Contents	Methods	Purposes
I. Pre-reading		
1. Pictures of tools' changes	**Activity 1：Review** Students talk about the changes in the ways of working.	复习第一课时内容,口头描述工作方式的变化,唤醒旧知。
2. Small essay: Good or bad changes	**Activity 2：Brainstorming** I (don't) want to change. …(changes) make us happy/unhappy.	承接第一课时,阅读再构小短文。头脑风暴,口头论述变化的利与弊,辩证看待各种变化。
	Activity 3：Lead-in T：Did the farmer want to change his life? Guess.	以 Changes 为单元主话题,引入本课时话题,导入故事。
II. While-reading		
1. The whole story	**Activity 4：Enjoy and fill in the form** T：Watch the video and fill in the form. | Characters |　　| | When |　　| | Where |　　|	观看欣赏整个故事动画,填表格,总结主人公名字、故事发生的时间和地点,预测发生了什么。
2. Paragraph 1	**Activity 5：Guided reading** 1) Silent reading 2) Guess the reason for the fairy's coming. 3) Read and discuss：What are your wishes for the farmer and his wife?	快速默读故事第一段。预测仙女出现的原因。展开想象,口头猜测三个愿望会是什么。

续 表

Contents	Methods			Purposes
3. Paragraphs 2-3	**Activity 6：Listen and summarize**			听第二、三段,进一步思考为何主人公要拒绝仙女,为何拒绝改变。跟读回答,口头描述感受。
	Fairy		Reason	
	Give you three wishes.		Helped and changed	
	Farmer and his wife		Reason	
	Thank you, but we don't need any wishes.		?	
4. Paragraphs 4-8	**Activity 7：Detailed reading** ● Pick out the key words ● Story map			细节推进,对文章细节进行合理口头猜测。使用表格梳理前因后果,理清文章内在逻辑关系。
		What	Reason	Result	
	wishes	I can give you ...	Then you will/ won't ...	Thank you. ..., but ...	
	1st wish	gold	work	poor ... happy	
	2nd wish				
	3rd wish				
	I can give you ... Then you will/won't ... ..., but ...				运用核心句型口头复述仙女给的三个愿望,理解

续 表

Contents	Methods	Purposes
	● Discussion T：What do you think of the farmer and his wife? Do they want to change?	并口头叙述故事的主要矛盾和情节,体会人物情感。点出题目并深入理解故事内涵,口头分析主人公的特征。
III. Post-reading		
1. Play	**Activity 8：Role-play** 1) Role-read 2) Retell 3) Role-play	再次欣赏整个故事。在模拟的场景中,简要介绍自己扮演的角色并表演。
2. Assignments	**Activity 9：Discussion** T：What happened next? (Make up an ending) Now, we can … In the future, we will/won't … T：What is happiness? Happiness is not about the gold. Happiness is not about the big house. Changing or not is not the key. Hope you can enjoy your life. 1) Listen and retell the story. 2) Think and fill in the story map of your wishes.	在表格的帮助下,展开丰富想象,创编故事结尾部分,口头论述个人看法并阐述理由。口头描述现在、将来生活的变化,为下一课时作铺垫。 口头表述幸福的真谛,达成育人目标。

（四）制定评价标准

结合预设的口头表达活动和《能力量表》中关于口头表达能力的一级和二级标准,本单元对学生口头表达的评价标准如下。

1. 能听懂并口头说明故事发生的时间、地点和故事的人物等背景信息。

2. 能通过对故事的阅读,在教师的指导下提取关键信息并口头叙述故事情节发展。

3. 能借助思维导图提供的关键信息,口头复述故事内容。

4. 能借助思维导图提供的关键信息,口头论述幸福的真正含义。

5. 能创编故事结尾,想象农夫未来的生活。与同伴口头互动,同时为第三课时作铺垫。

6. 能编写剧本,并扮演角色表演这个故事。

 **小结**

　　实施基于单元整体的故事教学,教师要根据学生认知特点和教材板块内容,围绕单元话题,合理划分课时。采用多种故事教学路径,设计有梯度的口头表达活动和教学活动,使故事教学目标在单元整体教学中有序达成,从而促进对学生口头表达能力整体性、渐进性和持续性的培养和发展。

第二节 何为故事教学的基本流程

一、故事教学的基本流程

如图3.3所示,该流程图是借助课堂故事教学发展学生口头表达能力的基本流程。在实施课堂故事教学之前,教师已经基于对学生基础的思考、单元目标的设定、教学内容的设计等做了充分的课前准备。实施这种从整体到局部再到整体的教学流程,不仅有利于学生多方位、多角度地理解故事,而且有利于培养学生的英语口头表达能力。

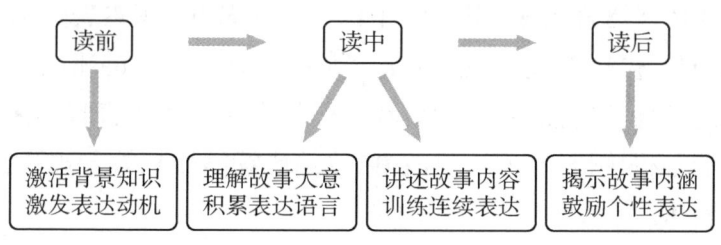

图3.3

读前阶段是故事教学活动的预热阶段。教师可以在故事教学的初始阶段,充分利用多种教学媒介,引导学生知晓故事,并设计一些与故事相关的趣味性强的课堂教学活动,激活学生已有的知识储备,引导学生建立新旧知识的联系,明确学习目标,了解故事的背景知识,整体感知故事,激发学生的学习兴趣和表达欲望。

读中阶段是整个故事教学课堂的核心部分。在该环节,教师要搭建多种支架,引导学生多方位、多角度深入理解故事,积累口头表达的语言,为之后准确连贯的口头表达做好准备。教师还可以通过补充故事的留白、设置问题链、绘制故事地图、引导学生复述或表演故事等途径,启发和引领学生的思维;引导学生预测故事情节发展并准确描述故事情节,训练学生连续表达的能力,发展学生的口头表达能力。

读后阶段虽是故事教学的最后一个环节,但却至关重要。这一阶段的教学活动旨在帮助学生揭示故事内涵,巩固内化所学知识,培养学生个性化口头表达的能力;引导学生在更多不同的情境中灵活运用所学语言进行合理的口头表达,培养学生的语言能力和学习能力;引导学生对故事进行多元评价或创造性改编,培养学生的思维品质。

二、故事教学的实施策略

在制定了读前、读中、读后的故事教学基本流程之后,教师可以在读前阶段利用多种媒介引导学生初步整体感知故事,设置问题引导学生了解故事的悬念冲突,从而激发学生的表达兴趣和表达动机;在读中阶段通过解读故事标题、细致观察图片、绘制故事流程图、补充故事留白等方式搭建语言支架,引导学生深入理解故事,积累表达语言,还可以借助问题链、故事地图、板书设计等手段引导学生讲述故事内容,训练学生连续表达的能力;在读后环节引导学生运用语言整体演绎故事,通过畅谈心得感悟、多元评价故事、改编或续编故事等方式开展个性化的口头表达。

(一)读前阶段的实施策略

1. 借助媒介,整体知晓故事

《课程标准》在给教师的"教学建议"中指出,教师要充分认识到现代信息技术不仅为英语教学提供了多模态的手段、平台和空间,还提供了丰富的资源与跨时空的语言学习和使用机会,对创设良好学习情境、促进教育理念更新和教学方式变革具有重要支撑作用。所以,在读前环节教师可以充分利用多种教学媒介,引导学生对故事的背景、语言、情节等进行初步整体的感知。在读前激发学生的学习兴趣,明确学习目标,为有效的故事学习和口头表达做好准备。

除教材之外的教学媒介可以分成如下四类:非投影视觉辅助,包括黑板、模型、实物等;投影视觉辅助,包括幻灯机、投影器及其辅助设备;听觉辅助,如录音机、放音机、收音机等;视听辅助,包括电影、电视、录像等。

教学媒介的种类很多,每种教学媒介在教学中的作用也各不相同。所以,在选择教学媒介时教师要注意如下几个方面。

第一,媒介的使用要有助于学生了解故事背景。了解故事背景和作者信息能帮助学生更加深入地理解故事。对于一些比较经典的故事,教师可以借助教学媒介加入一些诸如故事出处、原作者简介、故事的创作背景、故事的创作灵感等信息,帮助学生多方面地了解故事。

第二,媒介的使用要体现新旧知识的衔接。认知心理学理论认为,一切新的有意义的学习,都是在原有学习基础上产生的。也就是说,新知识的学习会与原有知识发生关联,并在原有知识基础上建构新的意义。因此,教师在利用教学媒介引导学生开展故事学习的时候,可以呈现故事的词汇、句型、语法等主要语言点。这些语言点要基于故事教学目标和学生已有的知识基础,巧妙复现,激活学生已有知识储备,并引出新知,建立新旧知识的有机联系。

第三,媒介的使用要考虑学习者的年龄特征。实施小学英语故事教学,学生的年龄特点和认知水平也是选择媒介时应考虑的因素。小学低年级的学生处于以直观形象思维为主的阶段,而小学高年级的学生则处于由直观形象思维向抽象逻辑思维过渡的阶段,而且小学生注意的深度、广度和持久性也都随着年龄的不同而有所变化。在使用不同媒介引导学生知晓故事时,要充分考虑不同年级学生的年龄特点和认知水平。

第四,媒介的使用要考虑故事教学目标的定位。在考虑选择何种教学媒介时,教师一定要考虑故事教学所要完成的任务和要达到的目标。比如,想让学生辨别故事中不同动物的声音,利用音频或视频是比较直观有效的,而如果要描述故事中人物的外貌特征,利用图片呈现的效果是非常好的。也就是说,要选择更适合实现特定教学目标的媒介。

案例

以经典绘本故事"The little match girl"为例。在读前活动中,借助多种媒介,如视频、幻灯机、书籍、模型、图片等,让学生整体感知故事,激发阅读兴趣,为口语表达作铺垫。

读前活动一:观看影片,初步整体感知

如图3.4所示,学生通过欣赏影片,了解故事大意,梳理故事脉络,整体感知故事,挖掘主人公的性格特征和情节变化,体验矛盾冲突。

图3.4 图3.5

图3.6

读前活动二:利用图片,了解文化背景

如图3.5所示,利用小女孩划火柴的图片激发学生求知欲,了解小女孩憧憬的幸福生活,为深度理解和分析故事细节做了铺垫。

读前活动三:借助绘本书籍,丰富背景资料

如图3.6所示,借助经典绘本,学生了解故事作者安徒生的信息,并欣赏他的其他经典作品,丰富对故事背景的了解,为口头表达作铺垫。

在这个绘本的读前活动中,教师借助了多种教学媒介,充分激发了学生的学习兴趣,让学生整体感知故事的同时,丰富背景知识,为后续口头表达做了很好的铺垫。

2. 巧设悬念，激发表达兴趣

在引出故事时，教师可以根据故事的大意、矛盾冲突或细节信息等设计不同的问题，激发学生想要得到问题答案的兴趣。大部分的小学英语故事都有着扣人心弦的矛盾冲突。针对这些矛盾冲突设置问题，就是在制造悬念。悬念可以是总悬念也可以是小悬念。总悬念针对整个故事的主要矛盾冲突所在，它是贯穿故事始终的情绪支柱。小悬念则针对故事每一个发展阶段或主要场景中出现的局部紧张情势，它不断丰富和加强总悬念。所以，在故事学习的预热阶段，教师可以根据故事的特点，巧妙设置悬念，激发学生的阅读兴趣和表达动机。

第一，悬念设置要准确无误。无论是总悬念还是小悬念的设置都要基于学生的年龄特点和认知水平，有利于充分调动学生的知识储备和发挥学生的主体作用，也要基于故事的主题和情境，能准确地揭示故事的矛盾冲突。

第二，悬念设置要扣人心弦。故事的悬念设置不能是平淡无奇的内容，一定要能够一针见血地指出故事的主要矛盾冲突，让学生被故事的悬念深深吸引，有一种想要一探究竟的欲望。

第三，悬念设置要有思维性。故事的悬念设置还要有利于引领学生展开大胆的猜想，让学生为了验证自己的猜测而主动进入故事的学习，而且还可以据此引导学生展开讨论，畅谈自己对故事矛盾冲突的见解。

悬念的有效设置有助于学生带着疑问走进故事，激发学生的阅读兴趣和表达欲望，引导学生在故事学习的起始阶段去分析问题并尝试解决问题，培养学生主动探究和解决问题的能力，同时引发学生深入思考，培养学生的思维能力。

案例

以五年级下册 Unit 9 的故事 "A toothless tiger" 为例（见图 3.7）。这是一则关于一只老虎如何从威风凛凛的森林之王变成没牙老虎的有趣故事。在故事的读前活动中，教师巧设疑问，设置悬念，启动学生思维，激发学生的口头表达兴趣。

图 3.7

悬念一：导入环节，直击主题

T：Look at the picture. How are the teeth?

S：They are sharp.

T：Whose teeth are they?

S：Maybe they are ...

图 3.8

学生通过猜测图 3.8 中是谁的牙齿，结合生活经验，积极思考表达。此处牙齿的悬念设置直击故事主题。

悬念二：图片对比，提炼主线

T：Look at the two pictures. What's wrong with the tiger?

S1：The tiger is hungry.

S2：The tiger is ill.

S3：The tiger has no teeth.

如图 3.9 所示，学生通过图片中老虎两种状态的对比，猜测老虎情绪变化的原因。此处的悬念设置是对故事主线的提炼和明确。围绕老虎的变化，学生对故事情节进行逆推，从而为理解故事和口头复述故事进行有效铺垫。

图 3.9

针对这个故事,教师设置的两个读前悬念有效激发了学生的阅读兴趣和主动表达的欲望,引导学生在故事学习的起始阶段去分析故事角色情感的变化,培养学生主动探究老虎没牙的真正原因,并引发学生对故事主题意义的深入思考。

(二) 读中阶段的实施策略

1. 解读标题,提取主要信息

标题是故事的"文眼",是对故事主要内容的概括,对故事起着举足轻重的作用。有的标题交代了故事的主要角色,有的交代了故事发生的环境,有的点明了故事的主题思想,有的可能揭示了故事的行文线索或感情线索,有的设置了悬念吸引读者的阅读兴趣。例如:《悠游阅读成长计划》系列绘本中的故事 *Colourful Birds*,它的标题直接明了地交代了故事的主角——五颜六色的鸟。整个故事围绕不同颜色的鸟展开。

《能力量表》中"口头描述"的一级标准包括:(学习者)能简单描述日常物品的长短、大小、颜色。所以,教师可以指着绘本的封面和标题引导学生进行口头描述,描述鸟的颜色、数量、种类、大小等不同信息。

2. 观察图片,多角度解读故事

《课程标准》中"语言技能内容要求"(二级、二级+)包括:借助图片、图像等,理解常见主题的语篇,提取、梳理、归纳主要信息。《能力量表》中"理解口头叙述"的一级标准指出:"(学习者)能听懂简单的绘本故事,并将其中的单词与图片进行匹配。"绝大部分的小学英语故事都是以图文并茂的形式来呈现故事的情节,图片的运用使得故事更加生动有趣。图片丰富了故事的语言,同时还是对故事文字信息的有效补充。在故事教学中,除了解读故事的文字,教师还要善于利用故事的图片,引导学生发现并挖掘图片传达的信息,从而多角度感悟和理解故事。

第一,观察图片,提取关键信息。故事中的语言有些可能比较简单,有些可能难以理解。图片可以直观形象地表达文字所描述的信息,帮助学生化繁为简,化难为易,化抽象为具体。教师要引导学生细致解读图片,关注图片的色彩、构图以及图片之间的异同等细节信息,使画面中的人或物更加鲜活生动。也许图片的某一个细节蕴含了故事的某个关键信息,也许两幅图片之间的不同之处就是故事的转折点,也许图片背后所隐含的信息正是对故事文字的有效补充,这些都有助于学生多角度且深入地理解故事。

第二,集中读图,整体把握故事。故事的图片数量有多有少,但基本都能完整呈现故事的主要情节。所以,在故事学习的输入阶段,教师可以引导学生观察所有的图片,借助图片传达的信息初步整体感知故事的情节发展。在故事学习结束之后,可以引导学生借助图片和关键词句的提示,用自己的语言有条理地复述故事。在语言输出的阶段,引导学生借助图片再次整体把握故事,开展综合性、创造性的口头叙述活动。

第三,分析图片,预测情节发展。教师既可以借助所有的图片整体感知故事文本,也可以有针对性地选取一些图片进行解读。比如故事的第一幅图和最后一幅图,这两幅图往往蕴含着故事的起因和结果,教师可以通过解读这两幅图激发学生的阅读兴趣,让他们主动参与故事学习并主动建构意义,预测故事的情节发展。教师也可以选取故事中比较有代表性的图片进行解读,指导学生利用图片提供的直观线索,结合故事的情节发展和已有的知识、经验,预测故事的矛盾冲突或解决对策。

通过解读图片全方位、多角度地解读故事,不仅能激发学生的学习兴趣,培养学生的观察力和想象力,还能培养学生主动探究的精神和推理判断的能力。

■ 案例

以《多维阅读》系列绘本的故事 Kind Bird 为例。

Kind Bird 讲述的是在一个下雨天,一只善良的小鸟让一只蝴蝶待在鸟巢的故事。这个故事让孩子们体会到乐于助人的美好品质,并能在生活中学习小鸟,热心地为同伴、老师、家人及他人提供力所能及的帮助。教师可以根据一年级学生的语言基础和故事的内容特征,和学生在读图、预测、对比和推理的过程中交流故事情节的发展,帮助学生体会有趣的故事内容和享受阅读的快乐。

活动一:呈现与绘本主题相关的动物图片,为引入故事作铺垫

活动二:呈现封面,让学生读封面,抓取故事基本信息

由活动一的话题引入故事,呈现绘本封面图,提问:"Who's the author? Who draws the pictures? What do you see on the cover?"引导学生关注封面的主要信息,如作者、出版社、封面大图、标志等。让学生根据封面图片预测故事大意。

【设计意图:通过观察封面图片预测故事情节。】

活动三:粗读故事,初步掌握故事脉络

T:Are the bird and the butterfly happy in the rain?

活动四:精读故事,理解故事情节发展

呈现每页图片,通过图片环游,引导学生根据图片和问题预测故事。

Page 2

T:How's the weather? What do you see?

Page 3

T:How's the bird? Is the bird happy?

Page 4

T:What do you see? Is the butterfly happy?

Pages 5-6

T: How do the bird and butterfly feel in the rain?

【设计意图：采用图片环游的方法教学故事。首先，聚焦故事角色情感变化，对角色的内心进行分析和描述。然后，聚焦天气的变化，对比蝴蝶和小鸟在下雨天的境遇和感受。最后，对故事角色的行为进行预测，对故事展开深度教学。】

教师以引导阅读和提问的方式带领学生欣赏图片，启发学生主动观察，对比、预测、思考和分享，在理解和讲述故事的基础上不断积累语言，并渗透互相帮助的美好情感，从而落实学科育人价值。

3. 绘制流程图，梳理故事梗概

故事的流程图就是用一些特殊的符号或者结合图形和简洁的文字将故事的来龙去脉直观形象地表示出来，比如呈现事件的起因、经过、结果或者事件的先后顺序等。流程图简明扼要且层次分明，可以清晰地呈现故事的主要脉络以及各个环节之间的关联。故事流程图这一语言支架的使用，可以帮助学生有效提取故事的关键信息，清晰地梳理出故事的梗概。

第一，符号的使用要统一规范。在流程图中尽量使用约定俗成的符号，而且符号要方便学生辨识和理解。此外，流程图中的特殊符号还要统一，这些符号最好不要反复更改，以免对学生的认知产生干扰。

第二，流程图的设计要重点突出。设计流程图要结合故事的文体特征，选取合适的流程图类型，而且要重点突出故事主题，直指故事主要内容。流程图的语言描述要简洁明了、概括性强，有助于学生准确提取故事的关键信息。

第三，流程图的设计要脉络清晰。流程图要具有逻辑性和层次性，有条理地描述故事发生、发展的先后顺序，呈现故事的主要脉络。流程图还要清晰地呈现故事内在的知识结构，呈现出故事主要情节或知识之间的递进关系，帮助学生梳理故事梗概。

案例

以教材四年级下册 Unit 6 的故事"Magic music"为例。本故事以一个城市老鼠成灾为背景。一天来了一位吹笛人,他可以帮助当地人解决鼠患,但是要以一袋金子作为酬劳。当地人同意了。吹笛人帮助了他们,但是并没有得到应有的报酬。他便吹奏笛子带走了城里的孩子们。最终人们给了吹笛人应得的报酬,孩子们也回家了。教师可设计如下故事流程图(见图3.10),帮助学生梳理故事脉络,抓取故事主线,辅助口头表达。

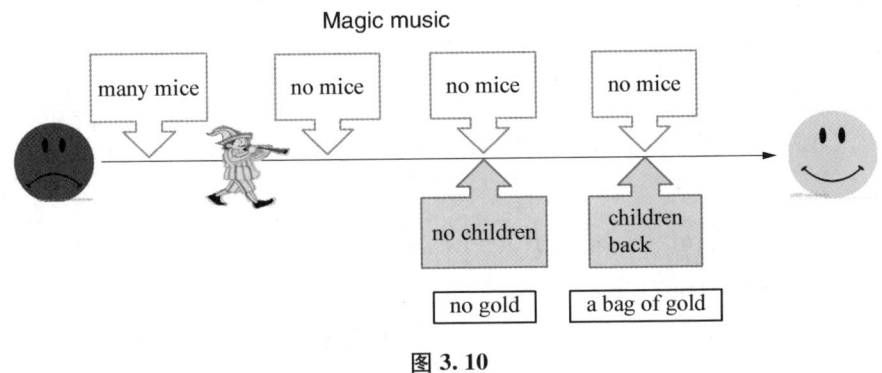

图 3.10

4. 巧用留白,剖析角色特征

大部分的小学英语故事文本中都有某些环节的表述比较简略,如在背景、人物、故事结局等方面。这种留白有些是作者考虑到小学生的年龄特点和认知水平而简化,有些是因为篇幅的限制,而有些则是作者有意为之,故意留给读者更多想象的空间。在故事教学中,教师要巧用留白,挖掘故事留白所隐含的信息。

案例

以教材三年级上册 Unit 11 的故事"A big fish"为例。

这是小猫钓鱼的故事。故事所在的单元的重点之一是正确使用功能句"What is it?"来向别人询问动物的名称,用"It is a ..."来介绍小动物的名称,并用"Its ... is/are ..."进一步描述小动物的外形特征。据此,教师要善于挖掘故事图片和文字所隐含的信息,补充故事留白,在巩固强化功能句的同时,也进一步挖掘故事所隐含的育人价值。

补充留白一:如图3.11所示,小猫在和妈妈钓鱼时,看到了飞来的蝴蝶,图片仅呈现了小猫很好奇的表情,并没有语言的表述。因此,教师补充了图片所隐含的留白信息,再构了如下小猫和蝴蝶的对话,既巩固了单元的功能句式,又表现出了小猫的三心二意。

图3.11

The cat:Hello, who are you?

The butterfly:Hello, I am a butterfly. My wings are big. I can fly.

The cat:You are beautiful. Let's play.

The butterfly:OK.

图3.12

补充留白二:如图3.12所示,小猫认识到自己三心二意的错误之后立刻改正,当蝴蝶、蜜蜂等再次来找小猫玩耍时,图片呈现的是专注的小猫,也没有语言的表述。因此,教师补充了图片所隐含的留白信息,再构了如下小猫和蝴蝶、蜜蜂的对话,以及猫妈妈赞赏的话,表现出了小猫改正错误的决心。

The butterfly:Hello, cat! Let's play.

The bee:Hello, cat! Let's play.

The cat:No, I can't play! I'm fishing.

Later.

The cat:Oh, a big fish!

Mum:Good boy!

故事中的留白也是学生学习英语故事的有效支架之一。在课堂教学中,教师可以借此让学生结合故事的上下文和自己的体验想象留白处的信息,尝试再构角色的台词,可以是不同角色之间的对话,也可以是某些角色的内心活动,使人物形象更加丰满,情节更加细腻、完整。学生可以深入剖析角色的性格特征和内心活动,挖掘故事背后所隐含的信息,尽情地补充和演绎故事。

5. 设置问题链,预测故事情节发展

学起于思,思源于疑。问题是思维的源泉,更是思维的引擎,而一系列环环相扣的故事问题链便是引导学生逐步深入理解故事的有效支架。教师为了实现故事教学目标,可基于故事的主题意义,设计一系列逻辑性较强、层层递进的教学问题。

第一,问题链的设计要以学生为本。教师在设计问题时要从学生的角度出发,问题不能太简单,也不能太难或太多。问题首先要有趣味性,能充分激发学生的学习兴趣,帮助学生克服畏难情绪,且有助于提高学生学习的主动性,促进学生的自主思考和主动探究,并有效促进学生自主学习方式的转变。

第二,问题链的设计应具有层次性。问题链中的问题不能重复,问题之间应有关联,做到环环相扣且有递进性,层次分明且有连贯性。问题要能体现故事情节之间的关联或事情发展的顺序,有效引领学生深入学习故事,引导学生深层思考、发散思维。

第三,问题链的设计要有思维性。问题链中的问题要基于故事语境,指向故事的关键信息,有助于重难点的突破和故事矛盾冲突的揭示。问题的设计一定要有效,这些相对独立而又相互关联的问题要能真正激起学生的疑惑,引发学生的思考,引导学生主动探究,预测故事的情节发展,自主发现问题并解决问题。

▎**案例**

以《悠游阅读成长计划》系列绘本中的故事 *Hello, Space!* 为例。本故事属于"人与自然"主题范畴,帮助学生了解自然现象,进行地球与宇宙的探索。基于此,教师紧紧围绕主题,设计环环相扣、层层递进的问题链,帮助学生有效梳理故事,拓展故事内涵,落实课程核心素养。

问题一 Where are the rabbits? 初步感知主题。通过观察图片,学生初步感知话题——太空(space),了解月球(moon)和太阳(sun)是宇宙中的星球。结合学生的兴趣爱好和心理特点,教师引导学生体验宇宙的奥秘。

问题二 How do they feel? 深度探究主题。学生在主题语境的体验中,运用跨学科知识,探究"They feel very cold and dark on the moon. They feel very hot with the sun.",进一步探索宇宙特征,拓展故事内涵。

问题三 Why are they back to the earth? 升华故事主题。教师引导学生对故事进行深度分析,体会"They love the earth. The earth is not very cold and hot. The earth is better for people and animals to live."这一隐藏在故事背后的深层内涵,培养综合分析的高阶思维。

问题四 Which do you like, the earth, the sun or the moon? Why? 提升思维品质。围绕主题内容,学生多角度、深层次地开展综合评价,形成良好的阅读习惯,培养在故事阅读中自主构建和评价的思维能力。

本案例的问题链体现了问题设计的主题性、思维性和层次性。在教学过程中,教师逐步引导学生对故事内涵进行理解和挖掘,有效促进学生思维发展和情感体验的融合,从而高效达成预期的教学目标。

6. 借助故事地图,分析故事内在结构

教师根据故事类读物一般都遵循的概念图式或故事语法形成的视觉图式,引导学生在阅读中用故事地图去发现和梳理故事的结构和大意,从而学会阅读故事、理解故事和创编故事,培养自主阅读的能力。故事地图是学生深入理解故事、分析故事内在逻辑结构的有效语言支架。《课程标准》指出学生应初步具备连贯表达的能力。教师可以引导学生

通过阅读故事，梳理出故事的主要信息，并将故事的背景（setting）、主题（theme）、人物（character）、情节（plot）、主要矛盾（problem）和解决对策（solution）等内容用概念图或流程图等形式呈现出来，从而辅助学生连贯地口头表达。

故事地图有很多不同的类型，如呈现故事内在结构的结构图，呈现故事情节发展的流程图，基于某一关键问题发散出来的思维导图，全面呈现故事主要信息的故事地图。针对低年级的学生或基础比较薄弱的学生，教师可以设计图文、图画等形式的故事地图。

故事地图的操作步骤如下所示。

首先，教师引导学生通过阅读故事文本准确表达并罗列出故事的背景、主题、人物、情节、主要矛盾和解决对策等内容。

其次，教师分发已经绘制好的故事地图的框架。若学生基础较好，也可以引导学生自主设计故事地图的框架。引导学生在绘制的过程中遵循一定的逻辑顺序，如先写出故事的标题，然后再逐步填写故事的具体内容，最后写出故事的主题。如果教师给学生提供框架，也可以鼓励学生根据自己的理解充分发挥想象，修改或补充故事地图的信息，设计个性化的故事地图，从而培养学生的思维品质。

最后，在绘制完毕后教师可以引导学生在班级或小组内进行展示交流，分享自己绘制故事地图的思路，表达自己的见解。此时，教师一定要给予及时的指导。充分的肯定和有针对性的评价，可以鼓励学生大胆准确地表达。

选择故事地图的类型需遵循一定的原则。教师首先一定要根据学生的年龄特点和认知水平、故事文本的难度、故事文本的体裁特点等因素，选择适切的类型。其次，故事地图的选择既要面向全体学生又要体现分层。对于英语基础好的学生，尽量采取文字为主、图画为辅的方式表示，而且描述具体全面一些；对于基础比较薄弱的学生，可以采取文字为辅、图画为主的方式，而且描述可以简单一些。此外，故事地图的绘制要简单流畅，有助于学生提取故事的主要信息，梳理故事的主线，深入理解故事和长久记忆。故事地图的绘制还可以多线并进，有助于学生分析故事的主题意义，积累表达语言。

案例

以教材四年级上册 Unit 3 的故事"A thirsty bird"为例。

图 3.13

该故事源自中国传统故事《乌鸦喝水》。教师可以从标题、背景、角色、问题、解决方案、结果这几个方面绘制故事地图（见图 3.14），帮助学生更好地理解故事的内在结构，从而使得表达更有逻辑性和条理性。

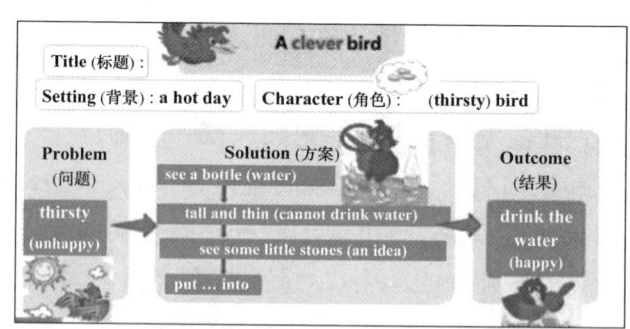

图 3.14

7. 设计板书，辅助复述或表演故事

《能力量表》中"口头叙述"的二级标准包括：(学习者)能借助图片

或别人的帮助,编演小对话或讲述小故事。三级标准包括:(学习者)能简单复述短文大意。所以,在故事学习的语言输出阶段,教师可以引导学生在理解的基础上用自己的语言去完整地复述故事。这也是提高学生英语口头表达能力的有效途径之一。但完整复述对于部分学生而言有一定的难度,因为复述并不是简单机械的重复,而是结合学生已有的知识基础和对故事的理解用自己的语言创造性地再现故事内容。所以,在复述之前教师一定要给学生必要的提示或语言支撑,而板书设计便是辅助学生进行连续口头表达的有效支架之一。板书设计要注意以下几点。

第一,板书设计要有时效性,帮助学生及时理解故事。教师在讲解故事的重难点内容时,要及时书写在黑板上,让板书与故事中重难点知识的学习同步,给学生直观形象的视觉输入,使板书与学生的认知同步。板书的书写还要有生成性。学习不是一成不变的,除了课前的预设,学生会在学习过程中碰撞出新的思维火花,随时会有新的理解和新知的生成,板书一定要及时调整和补充,体现学生动态的生成性的学习过程,帮助学生及时增进理解、加深印象。

第二,板书设计要有系统性,帮助学生整体把握故事。板书要呈现故事情节发展的主线和每一个环节的核心词句。板书文字表述要准确精练,要有故事各个要素的整体架构。通过板书设计帮助学生梳理出故事的脉络和知识体系,对故事的情节发展、主题意义和语言知识都有整体系统的认知,引导学生整体把握故事。

第三,板书设计要有艺术性,帮助学生全面理解故事。板书的版面安排应精心设计、重点突出,能凸显故事的重点内容。版面布局要合理且适当留白,要书写工整,切不可使板书杂乱无章。此外,必要时还可以辅以图片或符号。图文并茂、色彩丰富的板书更加具体形象,观赏性强,能吸引学生的注意力,从而帮助学生开展具体全面的故事复述活动。

■ **案例**

以教材五年级下册 Unit 5 的故事"Tomorrow"为例。

图 3.15

这是一则关于主人公小猴子(Little Monkey)的故事。他因贪玩一再推迟建房子,最后下雨了,却没有躲雨的地方。他到底做了哪些事情?他又是怎么想的?教师将故事划分成四个部分,并将每一部分的学习都融入环环相扣的问题之中,如:Which day is it? How's the weather? What does he think? 引导学生展开对故事的学习。同时,边提炼总结,边及时书写板书(见图 3.16)。

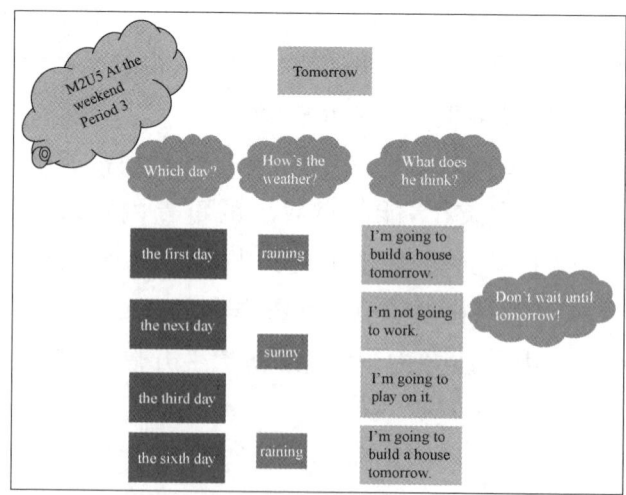

图 3.16

学生在板书设计的引领之下，逐步从 day、weather、what Little Monkey thinks 三个方面深入理解故事。之后，教师便引导学生根据板书关键词的提示梳理故事主要脉络，感受主人公小猴子情绪的转变过程，从时间和天气变化、小猴子的活动和打算等方面开展口头叙述活动。学生在复述故事主要内容时体会"Don't wait until tomorrow."的重要性。

总之，及时有效跟进、语言高度凝练、逻辑结构清晰、图文并茂又生动有趣的板书设计加深了学生对故事内容的理解，促进学生对故事主要脉络的梳理，更为学生开展故事的复述和表演搭建支架，有效培养学生准确连续口头表达的能力。

（三）读后阶段的实施策略

读后虽是故事教学的最后一个环节，但却至关重要。这一阶段的教学活动旨在帮助学生加深对故事的理解，巩固内化所学知识，培养学生的语言能力。通过在更多不同的情境中灵活运用所学语言开展英语口头论述或互动活动，培养学生的学习能力，并引导学生对故事进行多元评价或创造性改编，培养学生的思维品质。

1. 畅谈心得感悟，开展个性化口头表达

《能力量表》中"口头论述"的一级标准包括：（学习者）能对熟悉的事件或行为简单表达自己的态度，如同意或不同意、喜欢或不喜欢。所以，在学完故事之后，教师可以引导学生在准确理解故事的基础上结合自身的生活经验开展口头互动活动，用生动的事例或个性化的语言来畅谈自己的喜好以及从故事中悟出的道理。这样既能加深学生对故事的内化理解，又能培养学生的思维能力和个性化口头表达的能力。

一定要让学生在准确理解故事的基础上谈心得感悟。首先，学生必须对故事的语言和情节准确理解，准确把握故事的内在意义，抓准故事的主旨或寓意。另外，学生读后的心得感悟可能是多方面多角度的，教师可以引导学生选择他们感受最深、最有启发、最有教育意义、确有独到见解的几点来说，切忌泛泛而谈。

一定要引导学生在联系自己生活经验的基础上谈心得感悟。畅谈对故事的心得体会一定要结合自己的生活经验。教师可引导学生尝试将故事内容与生活中体会较深的人物或事例有机结合起来,要尽可能使学生的感悟具有针对性和深刻的现实意义,并对学生今后的学习和生活有一定的教育和指导价值。

案例

以教材五年级上册 Unit 10 的故事"The sound of the wind"为例(见图 3.17)。

这是一则关于动物做风铃的故事。小猪和朋友用不同材质制作风铃,他们听到了不同声音,然后大家齐心协力帮助小猪制作风铃。该故事和学生实际的生活、学习紧密联系。学生大都见过风铃或有过风铃制作经历。教师可以在学生阅读故事、动手实践和填写实验报告等活动之后,引导学生开展如下口头叙述、口头描述等口头表达活动。

口头表达活动一:呈现小猪制作了一个纸风铃,但他却很不开心的场景。教师提问引导学生: Does Little Pig hear the sound of the wind? Does he like it? How does he feel? Why? Why are the sounds of the wind so different? 学生纷纷畅所欲言,如: It's made of paper. The paper is too light. Different materials make different sounds.

图 3.17

学生在制作风铃和感受风铃声音的真实情境中发散思维,通过口头叙述、口头描述等口头表达活动,畅谈自己朗读故事和动手实验之后的心得感悟,体会风铃的材质对声音的影响。

口头表达活动二:在故事的结尾,朋友们齐心协力帮助小猪制作了一个木头材质的风铃,当小猪听到清脆的风铃声,朋友们都开心地笑了。此时,教师提问引导:"Is Little Pig happy now? Why? What can we learn from the story?"。学生畅谈各自的心得感悟。学生切入的角度不同,感受也不同。有的说:"They watch carefully. Think carefully.",有的还进行补充:"They help each other happily."。

总之,通过口头描述、口头叙述、口头论述等口头表达活动,学生基于对故事的理解和自己的生活经验畅谈自己的心得感悟,不仅体会到了不同材质对声音的影响,还发展了仔细观察、认真思考、善于发现事物本质的良好学习习惯,更体会到了互相帮助、团结协作的力量和友情的温暖。

2. 多元评价故事,开展开放式口头表达

学生的认知水平和生活经验都存在一定的差异,对故事角色、情节、主题等要素也都有各自不同的理解、判断和评价。所以,在语用输出阶段,教师可以引导学生头脑风暴,对故事的诸多方面进行开放式口头论述和口头互动,既促进学生对故事的巩固内化,还有效培养学生思维的发散性和多元性。

对故事内容的评价有很多角度。可以评价故事的人物角色、情节发展等显性内容,还可以评价故事的主题意义、人文价值、育人价值等隐性内容。教师可以让学生选择自己最喜欢的人物角色,从多个角度分析角色的性格特征,然后再说说自己喜欢该角色的理由;也可以让学生选取印象深刻的一个片段畅谈自己的看法,如该片段在整个故事中的地位和作用,以及该片段带来的感受或思考等;还可以让学生谈谈通过学习故事明白的道理,并结合生活实际说一说对自己今后的学习或生活产生的影响等。

评价的形式也可以多种多样。可以是某个学生的个人评价;也可

以是以小组合作的形式,学生在小组内讨论各自对故事某方面的见解,碰撞出更多新的火花;还可以是教师指定某一个角色,在全班范围内请学生开展头脑风暴,畅所欲言,谈论自己对角色的不同见解,并将各种评价汇总记录。最后可以将不同的评价结果进行分类统计或交流展示。

评价流程图如图 3.18 所示。

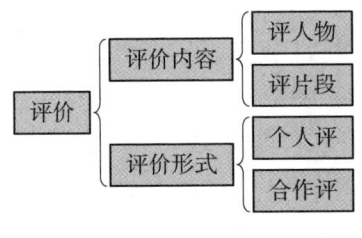

图 3.18

案例

以教材六年级下册 Unit 7 的故事"The bee and the ant"为例。在读后活动中,教材可以引导学生开展如下形式的故事评价活动(见图 3.19)。

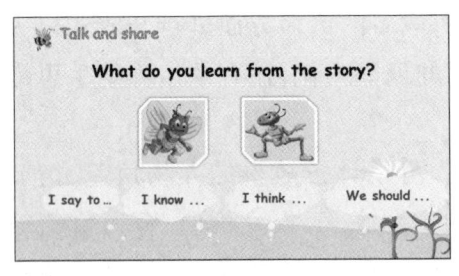 

图 3.19

T:OK, guys! This is the story "The bee and the ant". What do you learn from this story?

S1:I say to the bee, "Miss Bee, you're nice, and you're helpful."

S2:I think people all praise the bee because she works very hard for people and flowers. We should learn from the bee.

教师在教授完故事后,引领学生评价故事的主要人物 the bee 和 the ant。通过个人评价的方式,学生在师生交流、生生交流中主动表述故事内容。在全班范围内开展头脑风暴,学生积极交流探讨故事的寓意,体验人物情感,辨别人物特征。通过归纳总结,深化对故事的理解,让情感再次升华。

T: The bee is little. She works hard every day and helps people. She's helpful and happy, so people all praise her. In our life, there are many people like the bee.

人物事迹一:Lei Feng(见图 3.20)

T: Look. Who's he? What's his job? Why do people praise him? What does he do? Is he happy?

Ss: Yes, he gets happiness from helping people.

图 3.20

图 3.21

人物事迹二:Zhang Yugun(见图 3.21)

T: Do you know him? He's very famous in China. Do you want to know about him? You can ask me some questions.

Ss: What's his name? What's his job? How old is he? Where does he live?

T: Let's enjoy the video and find out the answers. He is only 39 years old. Why does he look so old? What does he do every day? Please read and underline.

(Students finish watching the video.)

T: Zhang Yugun works very hard. How is he?

Ss: He is very happy. He also gets happiness from helping people.

T: Lei Feng and Zhang Yugun are like the bee. They are common and they do daily work. But they also help people a lot.

人物事迹三：The BSR（Blue Sky Rescue）（见图3.22）

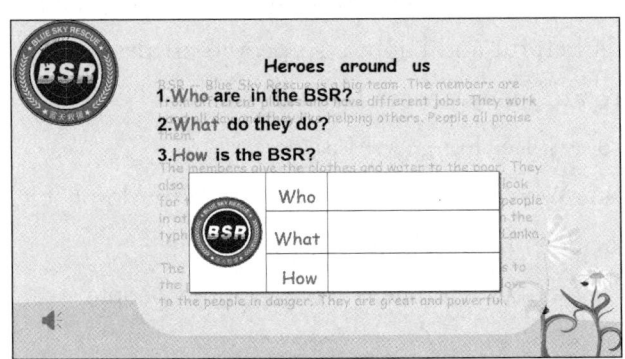

图 3.22

T: In your life, there are many common people. Please work in pairs, read the passage and answer the questions.

Q1: Who are in the BSR?

Q2: What do they do?

Q3: How is the BSR?

在拓展环节，学生阅读关于如蜜蜂一般勤劳助人的典型人物的事迹。教师融入思维导图，帮助学生形成阅读策略学以致用。学生通过思维导图、问题链讨论英雄人物雷锋，得出结论："He gets happiness from helping people."通过观看视频讨论先进人物张玉滚，学生得出结论："He is very happy, and he also gets happiness from helping people."。通过阅读文章、问题引领、小组讨论，学生认识了蓝天救援队，明白"The BSR members don't only give food, money and clothes to the people in trouble, but also bring hope, warm and love to the people in danger. They are great and powerful."。学生在开放式、多元性的评价中，口头表达能力得以提升，同时深挖故事内涵，懂得了助人才是幸福的根本这一根本道理。在个人评和合作评的过程中体会并形成正确的态度价值观,知道"If you want happiness for a lifetime, help somebody!"。

3. 改编或续编故事,开展创造性口头表达

有些故事的结尾戛然而止、是不完整的,有些故事的结尾不是开放性的。这时教师就要有意识地引导学生充分发挥想象,创造性地改编或续写故事。对故事的改编或续写能培养学生综合语言运用能力,同时还可以极大地促进学生的口头表达能力、想象力和创造性思维的发展。

改编或续编故事作为一种创造性学习的活动,对学生综合语言运用能力的要求比较高。在对故事进行改编或续写之前,学生首先需要对故事的情节发展、主题意义、角色特征、内在结构等都有准确的把握,他们需要具备一定的词汇、句型、语法等语言基础知识和遣词造句、谋篇布局等语言基本能力,更需要具备一定的创造性思维能力。

尽管改编或续写故事的要求较高,但尝试过这种学习活动,学生会对故事中的情节发展、人物特色、内在结构等有更加清晰深刻的认识,并将故事学习所得迁移到更多的语境中,进行拓展延伸,学以致用。此外,这种综合运用语言进行创造性学习的活动对于提高学生的表达能力和思维能力都意义非凡,因为在创编或改编故事的过程中,学生已经插上了想象的翅膀,冲破了固有的思维方式,他们的口头表达和书面表达都更加新奇,更加灵活多变。

▆ 案例

以教材五年级上册 Unit 10 的故事"The sound of the wind"为例。通过阅读故事,学生在制作风铃和感受风铃的真实情境中发散思维,体会风铃的材质对声音的影响。

通过阅读故事、动手实践、填写实验报告等活动,养成学生善于动脑、主动探究和乐于合作的习惯。而通过复述故事、续编故事、展示故事、书面表达等步骤则让学生加深对故事的理解,培养思维品质。具体步骤如图 3.23 所示。

步骤一:复述故事,整体感知故事(见图 3.24)

T: Look at the pictures and retell the story.

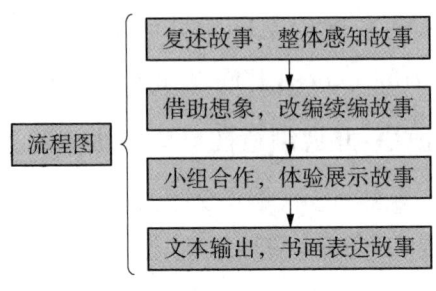

图 3.23

学生在图片的帮助下整体感知故事,梳理故事的背景,了解主人公情绪的变化,明确故事的冲突及悬念,为改编或续编故事作铺垫。

图 3.24

图 3.25

步骤二:借助想象,改编续编故事(见图 3.25)

T:What happens next?

(*Students look at the pictures and complete the story.*)

Ss:They help Little Pig make a new wood wind-bell.

在图片的帮助下,学生为故事续写结尾,拓展想象空间。

步骤三:小组合作,体验展示故事(见图 3.26)

Students act in groups. Students think and say. They watch carefully. Think carefully. They help each other happily.

T:What other things can we use to make a wind-bell?

Ss:We can use small bottles, keys, CDs, shells …

Students do group work. They make a new wind-bell. They think, say, do and write.

通过与同伴合作表演,学生体会小猪想要听到风声的强烈愿望,激发了解风铃材质的欲望。然后,小组合作动手实践制作风铃,完成实验报告,体会并验证本节课学到的科学结论,并进行展示。

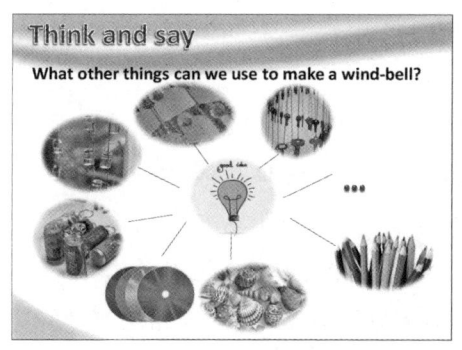

图 3.26

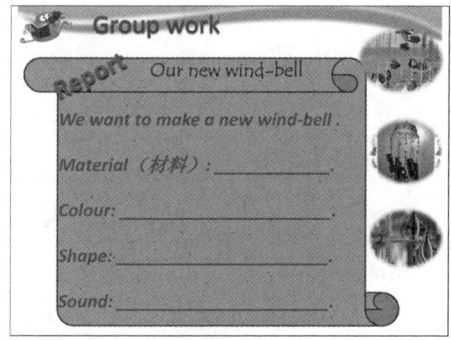

图 3.27

步骤四:文本输出,书面表达故事(见图 3.27)

The students write and show in class.

在续编故事后,学生根据体验完成书面表达,最后进行小组或班级内的交流展示(见图 3.28)。

图 3.28

由于各人的体验不同,学生的交流展示呈现了表达输出的开放性与多样性,充分提高了学生的思维能力与表达能力。

这种改编或续编故事的活动完成的不仅仅是一个故事,更是一场幻想和探究之旅。借助想象体验充分地再创造,是故事改编或续编很重要的一个方向。

小结

在故事教学的具体过程中,教师在读前、读中、读后三大主要阶段都可借助不同途径有效地发展学生的英语口头表达能力。在读前阶段,我们可以借助多种媒介巧设故事疑问等方式引导学生开展口头叙述、口头描述等口头表达活动,激活学生已有的知识储备,了解故事的背景。在读中阶段,教师可以搭建多种语言支架,引导学生开展口头描述、口头说明等口头表达活动,通过解读标题、观察图片、绘制故事流程图等提取故事的关键信息,多角度全方位地理解故事,梳理故事梗概。教师还可以巧用留白、补充角色的台词、设置环环相扣的问题链等激活学生的思维,帮助他们复述或表演故事;也可借助绘制故事地图等深入剖析角色的心理活动和个性特征,引导学生预测和描述故事情节的发展,分析故事的内在结构和主题意义。在读后阶段,教师可以引导学生开展口头论述、口头互动等口头表达活动,运用语言演绎故事,畅谈读后的心得感悟,对故事进行多元评价,以及综合运用所学语言创造性地改编或续编故事,表达自己的观点和态度,开展个性化口头表达。

在故事教学的基本流程中,读前活动充分激发学生的阅读兴趣和口头表达的动机,为学生进行准确得体的口头表达做准备。读中阶段的学习理解和实践运用活动则循序渐进地引导学生理解故事内容,积累表达语言,并通过讲述故事开展有逻辑的连续口头表达。读后阶段的创新迁移活动则重在引导学生揭示故事内涵。三个阶段环环相扣,相辅相成,在故事教学中全面有效地提升了学生的英语口头表达能力。

此外，教师一定要根据故事教学材料的难易程度和体裁特点，结合学生的认知水平和生活经验等，选取丰富多彩又适切的方式开展故事教学，从而充分激发学生阅读故事的兴趣，体验、理解并运用故事语言，开展基于故事主题和语境的英语口头表达，提高故事教学的有效性。

第三节　常见的故事教学活动

在了解如何解读故事文本以及故事教学的基本流程之后,教师应当确定具体语言目标和教学要求,设计各种教学活动,以此推进语言教学,提升学生的口头表达能力。依据故事教学的基本流程,常见的故事教学活动如下。

一、跟读模仿活动

学生对语言内容有了初步的感知理解之后,不能仅仅停留在语言输入的层面,还必须对语言材料进行内化。内化要基于对听说材料的正确模仿。可借助标准的录音、视频等多媒体素材让学生模仿词句的正确发音。

在故事教学中,教师应当通过多媒体素材,让学生模仿字母、词汇、句子的基础读音,以及重音、意群、连读、语调、节奏等。故事本身具有趣味性强的特点,在模仿的过程中,教师要鼓励学生大胆表现,勇于模仿,用夸张的语言表达自己的情感。往往一个小小的语气词、音调的高低缓急等,都能很好地体现说话者的感情。

■ 案例

以教材六年级下册 Unit 7 的故事"The bee and the ant"为例(见图3.29)。

T：People all praised her for her hard work. So the bee was happy. What about the ant? Was she happy?

Ss：No, she was unhappy.

T：Why?

Ss: Because people never praised the ant.
T: Did she think so? What did she think? Let's read together after the recording. Pay attention to these words and pronounce them with stress.

图 3.29

本环节教师引导学生在模仿跟读的同时,注意个别词要重读。通过重读这些关键词,帮助学生体会主人公的内心情感,从而更好地理解故事角色。在跟读模仿活动中,教师要选取优质标准的多媒体素材,在第一时间给予学生正确的语言输入。

二、故事复述活动

在故事教学中,学生通过教师提供的支架,运用恰当的词汇和语言结构进行复述,不仅能进一步促进对故事内容和语言的理解与运用,还能深入体验故事的内涵,进而在口头表达过程中提高综合运用英语语言的能力。

支架式教学(scaffolding)由心理学家维果茨基提出。他认为教师帮助学生搭建的脚手架是与最近发展区密切相关的,在支架式教学这一模式中,只有根据学生的"最近发展区"搭建的"脚手架"对学生的发展才是最有效的。在故事教学中，帮助学生搭建的支架主要有图片支架、图式支架、关键词句支架等。

案例

以教材五年级下册 Unit 11 的故事"The story of Nian"为例。在读中环节设计如下活动。

活动一：Look and say.

T：What does Nian look like?

Students describe Nian completely with the help of the picture and key words.

本活动中，学生在思维导图的图式支架引导下（见图 3.30），分别从外形特点、居住地、情感、能力等方面描述"年"这个怪兽，学生可以有逻辑地进行表达。

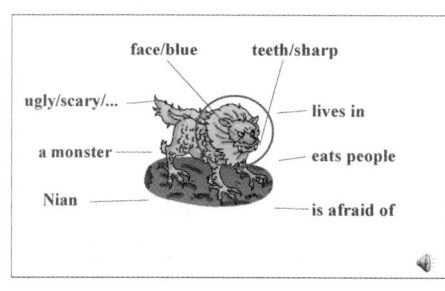

图 3.30

图 3.31

活动二：Retell the story according to the board design.

学生在思维导图的图式支架的帮助下（见图 3.31），从故事的人物、时间、地点、事件及文化等方面复述故事，进一步理解故事内容，学习春节习俗的起源，体会人类的伟大智慧。

三、角色扮演活动

角色扮演法是一种儿童的艺术创造活动，突出特点是模拟性和表现性。角色扮演活动是故事教学中非常有效的互动交流形式之一，教师要充分发挥这种教学活动的优势,指导学生正确运用语言、动作和表情再现故事情节,从而进一步理解巩固故事内容,有效提高口头表达能力。

案例

以教材四年级上册 Unit 9 的故事"Where is my fish?"为例(见图3.32)。

教师可以呈现以下页面(见图3.33),先开展问答练习,再进行角色扮演。

图 3.32

图 3.33

T:Where is the fish?

Ss:It's on the table. It's on the plate.

T:Where is Ginger? How is she? What can she smell?

Ss:She's beside the table. She's hungry. She can smell the fish.

T:What does Ginger want to say?

Ss:...

Students do group work.

本案例中,教师先播放基于教材的音频和视频,以及视频片段,为学生能声情并茂地表演课文剧本作铺垫。之后,小组模仿片段中的对话,依据视频内容进行角色扮演。角色扮演的文字内容分层设计,兼顾不同层次的学生的口头表达能力,让所有的学生都能有所提高。

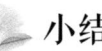 **小结**

　　在故事教学中,词句不再是孤立地存在。故事情境能让学生充分地感受到词句的真实含义。教师通过多样的教学活动帮助学生学习、理解故事,并通过讲述故事提高口头表达能力。故事学习过程自然地成为了推进语言积累的一个过程。学生的语言表达能力在以故事为背景的真实语境中得到了多方面的提高。

第四章
其他需关注的问题

第一节　关于教学评价的问题

故事教学以培养学生的核心素养为基础,借助有效的评价激励学生来进行口头表达,提高他们口头表达的积极性,使学生敢于开口大胆说英语,培养其运用语言进行交际的能力。在故事教学过程中,教师应该怎样对学生的口头表达进行有效的教学评价呢?

一、教学评价的原则

首先,评价要重过程、重学生主体的参与度,要看学生在学习故事的过程中参与交流的程度,看学生是否发挥了主体作用。教学评价不能局限于关注学生对知识的掌握程度和能力的发展,更要促进其兴趣、爱好、意志等个性情感品质的形成和发展。根据课程标准和教育教学目标,评价要针对学生的学习态度、探究与实践能力、交流与分享等几个方面,以此判断学生的学习状态,真正体现评价的导向性。

其次,评价要重应用、重个体与整体的融合度。通常故事教学最后的表达类活动要以小组为单位进行全班性的汇报表演。因此,在小组合作学习过程中,教师应注重对小组群体的评价,把整个评价的重心由鼓励个人竞争达标转向大家合作达标。这样大多数学生都可以得到教师或同伴的鼓励,都感受到成功的喜悦,在增强口头表达自信的同时,口头表达能力得到不同程度的提升,并一步步提升课程核心素养。

二、教学评价的方式

(一) 教师评价

教师可采用语言评价、动作评价和星级评价等方式。

语言评价。学生正确回答问题,或者有创意地回答问题时,教师可对学生进行语言表扬或鼓励。"Great!""Good job!""Try hard!""You are clever!""Excellent!""Wonderful!"等可以激发学生口头表达的积极性。

动作评价。在学生成功表演故事或复述故事情节后,教师可和学生击掌,说"Give me five.",或拥抱一下学生,给他们肯定、为他们加油。

星级评价。在评价学生的故事表达能力时,可以采用星级评价。表达故事时,语言应始终围绕故事主题,通过猜故事、讲故事、演故事等方式,按照一定的逻辑关系,有序连贯地组织语句,口头表述故事内容,挖掘故事内涵。所以,故事表达活动应关注四大维度:故事表达主题性、故事表达连贯性、故事表达多元性、故事表达综合性等。如表 4.1 所示。

表 4.1 星级评价表(1)

故事表达主题性	故事表达连贯性		故事表达多元性	故事表达综合性
	正确性	条理性		

▎**案例**

以绘本故事 *World Book Day* 为例。

> **World Book Day**
>
> Today is World Book Day. Everyone at school is dressed up, even the teacher.

> "Whose jacket is this?" asks the teacher. "It's mine," says Alex. "I am a pirate."
>
> George wears a blue cloak, a T-shirt and red shorts.
>
> Kim has a long skirt, a shirt and a broom.
>
> Jacob is sitting alone. He looks sad. "Where's your costume?" asks Kim.
>
> Jacob's face goes red. "I haven't got it," he says.
>
> The children walk to the library. They all pick a book.
>
> Jacob's book is about a wizard — a boy who does magic.
>
> On the way back to school, Alex picks up a stick.
>
> George gives his cloak to Jacob.
>
> Kim gives Jacob her broom. "Every wizard needs a broom."
>
> Jacob smiles. "Thank you everyone."
>
> Jacob's dad is at school. "Sorry, Jacob. I went to work with your costume in my car."
>
> "It's OK, Dad. My friends gave me a costume. I've had a great day."

(选自外语教学与研究出版社《丽声北极星分级绘本》系列)

图 4.1

此故事对应的主题为"人与社会"。这是一则与"衣物"话题相关的故事。在世界读书日当天，雅各布(Jacob)忘记带要装扮自己的服装，但在朋友们的帮助下，他成功地装扮成自己喜爱的故事角色，开心地度过了世界读书日。故事体现了"要帮助有需要的人。"(Help people in need.)

在故事一开始，雅各布没有带服装，很失落地坐在教室角落里。基于此故事情节，教师提出了问题，让学生思考后自由表达。

T: If you were Jacob, what would you do?

S1: I would talk to my teacher.

S2: I would call my parents.

S3: I would ask for help.

学生回答时结合了自己的生活经验,进行多元化思考并表达,可以在"故事表达多元性"一栏内记录一颗星(见表4.2)。

表 4.2　星级评价表(2)

故事表达主题性	故事表达连贯性		故事表达多元性	故事表达综合性
	正确性	条理性	★	

教师继续追问。

T: What should we do before the activities?

S4: First, I will make a list.
　　Next, I will get things ready for the activities.
　　Then I can have a good sleep.
　　Finally, I will go to school early.

此回答中,学生能正确使用连接词 first、next、then、finally,按照先后顺序有条理地表达在参加班级活动前应该怎么做,可以在"故事表达正确性和条理性"两栏内各记录一颗星,更好地激励学生连贯有序表达(见表4.3)。

表 4.3　星级评价表(3)

故事表达主题性	故事表达连贯性		故事表达多元性	故事表达综合性
	正确性★	条理性★		

在表演故事的环节,学生六人一组,根据故事内容,创编剧本、表演故事。表演内容展示如下。

(Characters: Jacob, Alex, George, Kim, Dad, Narrator)

Narrator: The children went to the library and picked a book. Jacob's book was about a wizard — a magic boy. The children were on the way back to the classroom.

Alex: Hi, Jacob. I picked up a stick for you. You can do magic with it.

Jacob: Thanks a lot.

George: This is my cloak. Here you are.

Jacob: No, it's yours.

George: But now it is yours.

Kim: Here is a broom. Every wizard needs a broom.

Jacob: (*smiles*) Thank you, my dear friends.

Jacob's dad: Sorry, Jacob. I went to work with your costume in my car.

Jacob: It's OK, Dad. My friends gave me a costume. I've had a great day.

Narrator: A friend in need is a friend indeed. Friends help each other. Friends share with each other. Friends care for each other.

学生在表演故事过程中，表现了朋友们如何帮助雅各布完成装扮，雅各布也因为朋友们帮助自己装扮了喜爱的故事角色而非常开心。学生在综合表达故事的同时，再次挖掘和拓展了故事的主题意义。教师给他们在"故事表达主题性"和"故事表达综合性"中各记录一颗星（见表4.4）。

表4.4 星级评价表（4）

故事表达主题性	故事表达连贯性		故事表达多元性	故事表达综合性
★	正确性	条理性		★

依据故事剧本来表演是一个完整输出故事语言的过程。学生在装饰剧场和编写剧本的基础上，开展分组表演，并按照故事情节的发展上场表演。在剧场里演绎故事是集听、说、玩、演和唱于一体的综合语言实践活动。在整个过程中，学生自主创作，在表演中体验、理解、内化故事语言，在交流与展示中表达故事情感。同时，教师就声音、语言、场景、动作、表情、合作和创新七个维度设计评价表，进行综合评价（见表4.5）。

表 4.5　综合评价表

评价维度	评价内容
声音	洪亮、清晰
语言	发音标准,语音语调自然流畅,富有感情,表达准确
场景	道具充分、逼真,场景形象,体现主题性
动作	自然熟练,符合故事情节
表情	丰富,有代入感,融入角色情绪
合作	全员参加,配合默契
创新	配有背景音乐,表演内容能拓展延伸故事内涵,体现多元思考表达

故事表演能更好地激发学生创作的灵感,大大发展学生的口头表达能力。基于剧本表演的多维度评价可以充分调动学生的阅读体验,有效进行综合语言实践,持续提升学生的心智水平。

(二) 学生自评和互评

鼓励学生参与评价的全过程,将被测转变为自测,让学生成为学习的主人。可以两人或多人小组为单位进行互评。学生课前准备,课上表演,每个学生都有权对自己和他人进行评价,这是学生自我认识、自我提高的过程。自评表如下所示。

表 4.6　自评表

评价内容	星级
了解故事主题	★
能够朗读故事	★
能够复述故事	★
能够表演故事	★
能够创编故事	★

以下是一份"英语故事表演小组互评细则",供参考使用。

英语故事表演小组互评细则

一、语音语调(20分)：

1. 发音准确、清晰,音调、音高合适。(10分)

2. 语音语调标准、规范。(5分)

3. 语调有升有降,有韵味。(5分)

二、熟练程度(30分)：

1. 自然顺畅,无错误、无反复、无中断。(10分)

2. 节奏准确适中,英语语音标准,能很好地把握节奏。(10分)

3. 节奏优美,富有感情。(10分)

三、表演能力(30分)：

1. 表达自然,能较好地运用姿态、动作、手势和表情,反映故事的内涵。(20分)

2. 表演富有感染力,能与观众产生共鸣,有良好的表演效果。(10分)

四、分工配合(10分)：小组成员分工明确,配合默契。

五、综合印象(10分)：上下台致意、答谢。举止自然得体、有风度,富有艺术感染力。观众反映良好。

在故事教学中借助科学的评价手段,可以大大提升学生口头表达的积极性和有效性,更好地发展他们的英语口头表达能力。

第二节　关于作业设计的问题

英语是一门实践性很强的学科。学生必须通过适量的听说实践才能提升听说能力。为了发展学生口头表达能力，教师必须对作业布置给予足够的重视，尤其在故事教学中，教师应转变传统的作业观念，可以利用故事文本和相关资源，布置适当的口头作业。按照作业内容的不同，主要有以下几种类型的作业。

一、实践性口头作业

实践性口头作业的主要功能是帮助学生巩固复习，掌握"说"的技能。故事文本是口头表达的基础，学生的综合语言能力是在熟练掌握语言知识的基础上发展起来的。教师应设计实践性口头作业，引导学生联系实际生活，让学生主动参与到语言实践当中，培养口头表达能力和解决实际问题的能力。

▍案例

在教学故事"The emperor's new clothes"之后，教师可以设计这样的实践性作业。

1. Draw a story map and retell the story with it.
2. Choose one character and talk with your deskmate: What do you think of the character? Why?

在完成第一个作业时，学生通过借鉴课堂上教师的故事地图，采用自己喜欢的方式和风格，自行设计出不同形式的故事地图，并借助故事地图加以复述，不仅提升基础语言能力，也实现了思维的发展。第二个作业通过让学生和同桌谈论对故事中角色的看法，并联系生活实际综合运用语言来证明自己的观点，让德育落到实处。

案例

在教学故事"Little Justin"之后,教师可以让学生画一画小蝌蚪的生长过程,并根据范例看图说话,帮助学生巩固核心句型。

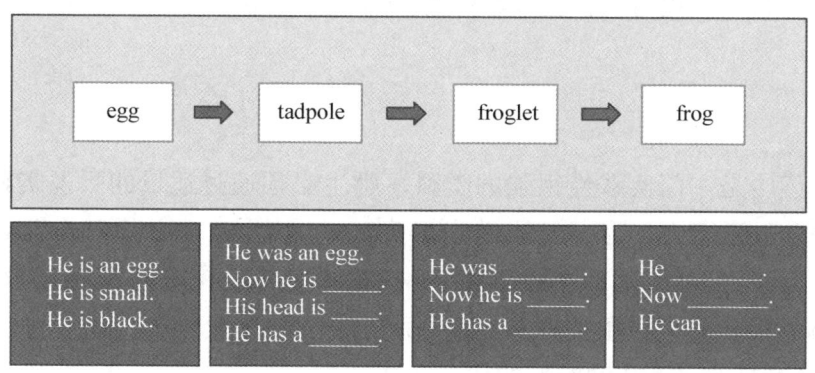

图 4.2

通过这一作业,学生进一步理解故事中的跨学科知识,同时口头表达能力也有了一定的提升。

二、准备性口头作业

准备性口头作业是指针对即将学习的内容,设置预习思考性质的口头作业。教师应结合教学内容,从学生实际水平和个别差异出发,针对不同层次的学生,精心设计预习作业,让不同层次的学生尝试挖掘新旧知识之间的关联,体会到探究的快乐和成功的喜悦。

案例

在教学故事"Snow White"之前,教师可以让学生查阅相关故事,并和同桌编写旁白或对话,为学习故事做语言和情感铺垫。

Narrator: A long time ago, there was a queen. She had a pretty daughter named Snow White. Soon after the child was born, the queen died. The king married another woman. The stepmother didn't like the girl very much.

She made Snow White do the housework all day and all night.

Snow White：My name is Snow White. I am a beautiful princess. I miss my mother so much. Where is my mother? Where is my mother?

■ 案例

在教学故事"Little Leo's lessons"之前，教师可以布置以下准备性口头作业：Read books or surf on the Internet to learn about other renowned painters in Western art history and talk about their notable works. 信息如下表所示。

表4.7 名画家名画作表

Name	Country of origin	Notable works
Vincent van Gogh (1853-1890)	The Netherlands	*Sunflowers* *Starry night*
Pablo Picasso (1881-1973)	Spain	*Les Demoiselles d'Avignon* *Portrait of Daniel-Henry Kahnweiler*
…		

此项作业基于单元整体设计。在完成作业过程中学生不仅可以运用上一个课时的语言知识进行表达，还可以通过阅读这些著名画家的相关信息，为学习故事做好准备。

三、拓展性口头作业

拓展性口头作业一方面是指学生在新情境中运用已经获得的口头表达技能解决新问题的作业；另一方面是指学生进一步挖掘故事文本，更深层次地理解故事内涵的作业。教师布置拓展性作业时要关注差异,尊重认知,注重应用,突出层次性、趣味性和实践性。

案例

在教学故事"The bee and the ant"之后,教师可以让学生基于图片和故事文本内容,对第一幅图和第二幅图进行课本剧创编。

(Characters: Narrator, Miss Bee, Poet, Painter, Miss Ant)

第一幕

Narrator: Many people like the bee. They all praise her for her hard work.

Miss Bee: I'm Miss Bee. I like working. (*works among the flowers with a basket*)

Poet: How hard-working Miss Bee is! I'd like to write a poem for her.

Painter: I like the bee. The honey is so sweet. I'd like to paint a picture for her.

Miss Ant: (*not happy*) Miss Bee works hard. She goes out early in the morning and comes home late in the evening. I also work hard all day, but people never praise me. Why?

第二幕

Narrator: One day, the ant meets the bee.

Miss Ant: Hello, Miss Bee. Can I ask you a question?

Miss Bee: Of course, Miss Ant. Please go ahead.

Miss Ant: You and I both work very hard. People like you, but they don't like me. Why is that?

Miss Bee: You work for yourself and your queen only, but my work also helps flowers and people.

Miss Ant: Now I see. Thank you, Miss Bee.

编写课本剧是对故事文本进行的有效拓展。这个过程让学生对故事的体验更加深入,对故事内涵的感受更加深刻,很好地促进口头表达能力发展。

■ 案例

在教学故事"Little Justin"之后,教师可以引导学生搜索蝴蝶的生长过程,并且使用核心句型进行口头描述。

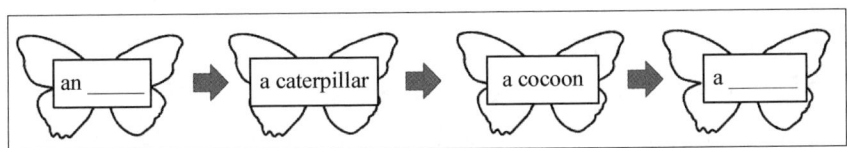

图 4.3

Welcome to Butterfly World. Do you know how a butterfly grows?
In Photo 1, it was ...
In Photo 2, it was ... It can ...

四、创造性口头作业

学生都是极富个性的生命体,他们对故事的理解和诠释也富有独特性和创造性。创造性口头作业就是引导学生根据已有的知识,通过改编、说、唱等形式再现、拓展、延伸故事内容。通过创造性口头作业,引导学生学会科学的思维方法,借以挖掘自身潜能,提高口头表达的质量和整体素质。

■ 案例

在教学故事"A big fish"之后,学生可以将旧知和新知融合,自编歌谣。

One, two, three, I am a fish.
Four, five, I am a cat.
Six, seven, eight,
I am a rabbit.
Nine, ten,
I am a dog.

▧ 案例

在教学故事"Gu Dong is coming!"之后,教师可让学生以小组为单位,结合以前学过的单词和句型对故事进行创造性改编,主题可以是"… is coming!",然后演一演,并评选出编演最好的小组。

Group 1:
S1: What is … ?
S2: It's a monster! Its head is big. Its hands are big too.
S3: Its eyes are big and red.
S4: Its face is round and black.
…

五、探究性口头作业

探究性口头作业是教师通过创设问题情境,把解决问题作为最终目标的作业。探究性口头作业在学生已有认知的基础上,有目的地引导学生自主发现、解决问题,并在此过程中建构知识体系,使知识系统化,达到举一反三、触类旁通的效果。

▧ 案例

在教学故事"The journey of Little Water Drop"之后,教师可以布置作业让学生探究生活中的水循环,画图并口头描述,进而加强节约用水的意识。

S1: In our daily life, we can use the same water many times.
　　We can wash our faces first, and then clean the floor.
　　…

▧ 案例

在教学故事"Two seeds"之后,教师可以布置探究性口头作业:为呼应"世界环境日"的主题和响应"要用自己的双手,为祖国播种绿色"的号召,同时考虑到绿化校园的实际需求,学生一起携手建设美丽花园,共创绿色校园,并口头表达。

教师可以为学生搭建支架,引导学生进行有序表达,比如:先谈论花园的现状(Talk about the garden),再谈论植物的生长(Talk about the growing of plants);最后设计我们的花园(Draw and design our garden)。

学生在完成探究性口头作业的过程中,置身于真实的情境,通过观看视频和图片、动手实践等方式来获取信息,保持了学习兴趣和热情,增强了主动探究欲和挑战欲,发展了思维和口头表达能力,实现了知识与能力的内化和迁移。

小结

新课程改革对小学英语的教学提出了新的要求,英语作业也应朝着多样化的设计方向发展,无论哪种形式的作业,教师都应充分认识到作业的功能,并把学习的主动权交给学生,使口头作业多元化、生活化、人性化,真正成为有效提高口头表达能力的载体。

第三节 关于课外活动设计的问题

一、开展课外活动的必要性

许多小学英语教师通过对教学内容、形式、手段和方法的创新,在课堂教学中已初步形成了师生互动、学生平等参与的积极态势。授课内容丰富多彩,课堂气氛生动活泼。课后教师也会给学生布置适量课外作业,大部分学生也都会按教师的要求去完成课外作业。然而,虽然课堂上热热闹闹,课外作业也大部分能完成,看似学生都学得不错,但到下节课时还是会发现部分学生对上一节课所学的内容有很大程度的遗忘,尤其是口头作业的完成情况不尽如人意。究其原因,主要还是学生在课上所学的内容在课后得不到有效巩固。学生只有在日常生活中运用语言,才能真正掌握语言。因此,教师不能忽视课堂教学的延伸和补充——课外活动的必要性。

二、实施课外活动的方式

如何充分发挥课外活动对发展学生口头表达能力的作用呢?教师应该根据所教班级学生不同的性格、年龄、特长和兴趣,组织不同的活动,激发学生进行口头表达的兴趣。可以采取以下几种方式。

(一)创设英语学习氛围

创设氛围,激发学生进行英语口语交际的兴趣。校内的宣传橱窗可用双语出刊;学校的主要建筑,包括随处可见的花草树木,都可用双语标注好它们的名称;在教室里充分利用黑板报的宣传阵地,开辟一块"英语角",并定期更新。营造英语外部环境,让学生在轻松愉快的学习环境中潜移默化地提高英语口头表达的能力。下面是两个创设学校英语活动氛围的经验交流案例。

■ 案例

用双语广播创设口头表达氛围。

有的人认为双语广播就是用两种语言播音。其实小学生的词汇量有限,不可能像大学生一样流利地用英语交流。根据小学生的特点,我们实行了节目分板块、培训播音员的计划。分别从四至六年级的每个班级挑选两名主持人进行培训,并规定主持人集编、审、播于一身,确定了十一个栏目。《好歌大放送》栏目给学生和老师点歌送祝福的机会。主持人需要找录音文件,制作点歌卡,歌曲可以包括中外歌曲。在本栏目的播出过程中还进行了爱心教育,让学生懂得关心朋友以及身边所有的人。《走进名人》栏目主要介绍历史人物,也可以介绍当下流行的演员、歌手等。此外,还有《文学艺苑》《聪明屋》等栏目。

在节目播出一个月后,各班要进行投票,选出最喜欢的播音员。有的主持人为了让师生们喜欢自己的栏目,想出了许多办法,比如我们举办过听友大联欢。在某天中午,主持人在校园内摆出桌椅,用英语介绍自己的栏目。他们各自施展自己的才能:有的挂出大标语,有的发栏目介绍传单,有的邀请听众参与咨询。总而言之,学生想尽了办法用英语去宣传自己的栏目。

另外,学生还对不满意的栏目进行了改版,如将《走进名人》改成了《名人游乐园》,还新创了《可乐双响炮》等深受学生喜爱的栏目。除了两个固定的英语专栏,其他栏目均可将英语灵活贯穿其中。

对三年级新主持人的培训,我们也尽量放手给学生。让三年级学生选择喜爱的栏目主持人,跟着他们学习;并让新主持人进行试播,高年级学生进行指导,全校学生提出意见,即给新主持人一个试播期。

■ 案例

办"英语角",提供口头表达机会。

在开始办英语角时,我们也遇到了很多的问题。学生的自制力较弱,刚刚才学了一点点英语,语言能力也可能无法达到自由表达的程度。怎样才能调动他们的积极性呢?

我们想了很多办法,但最后行之有效的办法还是利用学生好胜的心理,展开班与班之间的竞赛。英语角活动固定在每个星期三中午。由四至六年级每班中的英语爱好者组成本班的代表队,写活动方案,组织英语角活动,全校同学均可来参加。

刚开始由教师进行指导,且基本由教师设计一些活动。针对学生不同年龄、不同水平,设计不同的活动内容。每月评选出"英语明星班"和"英语明星个人",给予锦旗以及证书的奖励。现在,学生能自己设计活动方案,自己组织英语角活动。

为了激发学生参与的欲望,我们还引进了积分卡制度。参与的同学可获得积分卡,哪个同学的积分多就证明他/她是英语角的积极分子。

在组织英语角的活动中,我们发现学生的各项能力是非常强的。学生在活动中要进行分工,有宣传者、组织者、记录者、维持秩序者等。他们在分工合作中充分锻炼了自己的团队协作能力、宣传能力。学生要开动脑筋构思活动方案,每份方案都体现了他们活跃的思维。学生设计的都是他们喜欢的游戏或智力测试,这些与英语自然地融合在一起,形成了小学英语角的特色。学生在活动组织中有自己的创新:他们第一次提出了分年级组织内容,为不同年级的学生设计不同的活动内容;第一次给自己的英语角起名字,如"星星点点"英语角、"先锋"英语角等;第一次制作英语角班旗。学生在活动中创造出了他们人生中许许多多的第一次。

(二)课前增加英语口语体验

教师每天可以利用课前2~3分钟,让学生轮流值日汇报,从而获得均等的机会来训练口头表达能力。汇报内容由学生根据自己的水平自由选择,可由浅到深、由易到难。让学生不知不觉中得到锻炼,既增强学习兴趣,又培养了自信心。这就给每一个学生一个展示的机会和平台,让他们体验成功的乐趣。

活动一：故事表演。难度等级低

铃声一落，Cherry同学走上讲台，说："Good morning！今天，我为大家表演绘本故事'What a mess！'"学生将准备好的道具放好，开始表演。表演完毕后，其他学生会对表演进行评价，比如发音是否有问题，声音是否洪亮。评价有表扬、有建议，对学生口头表达能力的发展有很大的促进作用。

活动二：歌曲演唱。难度等级中

"Good morning, boys and girls! I'm very happy to be here today. And I'll sing a beautiful song for you." Alice介绍完毕，伴奏随即响起，一曲英文版的《雪绒花》，甜美的声音和着窗外飞起的小雪花，美极了。在这个寒冷的冬天的早晨，就这样温暖而美好地开启了新的一天。

活动三：演讲汇报。难度等级高

上课铃声响起。师生问候之后，教师退至一边，学生Tony走上讲台，大方而流畅地开场："Hello, boys and girls! I want to talk about …"他的语言基础不错，准备得比较充分，虽看得出来他还是有些紧张，姿势有些僵硬，但整个演讲流畅、完整，依然赢得了大家异常热烈的掌声。然后教师对这位同学的演讲做了一个简单的点评，并把他演讲中实用的短语和句型提炼出来给同学们分享，然后再开始真正进入今天的课堂流程。

（三）组织英语社团活动

开展社团活动是使学生在德、智、体、美、劳各方面全面健康发展的需要。为了发展学生的口头表达能力，提高学生的综合语言素养，学校可以组建英语合唱团，演唱课外儿童英语歌曲；组建英语朗诵团，学习朗诵英语儿歌和小诗，开展讲故事活动；组建英语戏剧团，充分利用小学生有着极强表现欲的特点，组织学生开展课本剧表演；组建英语广播团，定期制作英语广播节目。在学期末，可以根据社团学习内容开展全校范围的展示活动。以下是一份社团活动展示实施方案。

> **学校英语社团活动展示实施方案**
>
> 　　遵循"激发兴趣、形成氛围、全面参与"的原则,学校开展本学期的英语社团特色活动"Happy English! Enjoy English!"。借活动的契机,充分挖掘每个学生潜能,力争让全校一至六年级的学生人人参与、人人快乐、人人收获,让每个孩子在轻松愉悦的活动中感受英语、应用英语、享受英语,让英语走近每一个孩子,让每个孩子在活动中找到自信,让英语节成为每个孩子的节日,使他们想说、敢说、能说、乐说。让每个孩子在英语节都有收获。
>
> 　　学校组织分年级活动,各年级组织适合该年级学生年龄特点的项目进行展示。一、二、三年级——I can chant(我是小小说唱家),诵读英文韵律诗;四、五、六年级——I can sing(我是小小歌唱家),演唱英文歌曲。活动以班级为单位,推选年级社团优秀英语展示节目,为全校展示。

(四)设定英语口语竞赛

　　"竞赛是激发学习积极性的有效手段。"学校每学期可以设立"英语活动周"。"英语活动周"期间为学生设计各种有趣的比赛,以此来调动学生的积极性,比如英语朗读比赛、英语歌咏比赛、英语演讲比赛、讲英语故事比赛等。由学生自愿报名,参加人数根据节目确定,有个人、团体各种参赛形式。组织学生和教师当评委进行评分,给予适当的精神奖励,提高学生的参与热情。以下是一份学校英语口语大赛实施方案。

> **学校英语口语大赛实施方案**
>
> 　　为培养学生的英语语言运用能力,鼓励孩子们在多种多样的环境下体验学习英语的乐趣,利用展示英语口语的形式,与课堂教学有机结合,巩固课本知识,培养学生学习英语的自信心,使学生真正体会到学好英语和用好英语的重要性,学校将组织我校学生参加英语口语比赛活动。

一、报名方式

参赛对象：三年级至六年级学生

报名时间：本周一至周五(3月23日至3月27日)

报名地点：各班英语老师处

比赛时间：4月25日—26日举行(暂定)

二、初赛内容介绍(比赛形式：面试口语＋笔试听力)

第1环节　英文自我介绍

※范文：Hello, everyone. I'm very happy to be here today. Let me introduce myself first. My name is Brown. I am a handsome boy. Now I study in Class 2 Grade 3 of ××× Primary School. I have many friends in my class. George is my best friend. I like sports. I often play basketball with George. My favourite colour is blue. I have a lot of blue clothes. I also help my mother do some housework at weekends. Mum loves me and I love her very much. This is me. Let's be good friends.

※译文：大家好,很高兴今天能够站在这里。首先,让我介绍一下自己。我叫布朗,是一个帅气的男孩。现在我在×××小学三年级二班上学。在班里我有很多朋友。乔治是我最好的朋友。我喜欢运动。我经常和乔治一起打篮球。我最喜欢的颜色是蓝色,我有很多蓝色的衣服。在周末,我经常帮妈妈做家务。妈妈爱我,我也爱她。这就是我。让我们成为好朋友吧！

第2环节　挑战听力

低年级题型参考：听单词,选出你听到的单词,并将其序号填入题前括号内。每个单词读三遍。

(　　)1. A. bread　B. bird　C. duck

第3环节　单词大满贯

单词大满贯主要考查的是选手积累的词汇量。本环节规则：选手在45秒之内(秒表计量)根据评委所出示的图片说出它的英文单词,说对多少个积多少分。

 **小结**

　　发展学生的口头表达能力并不是单纯的语言技能训练,而是许多处于交叉重叠关系状态的因素共同作用的结果。所以,在借助故事教学发展学生的口头表达能力时,我们还要关注对发展学生口头表达能力有很大影响的教学评价、作业设计以及课外活动设计等问题。

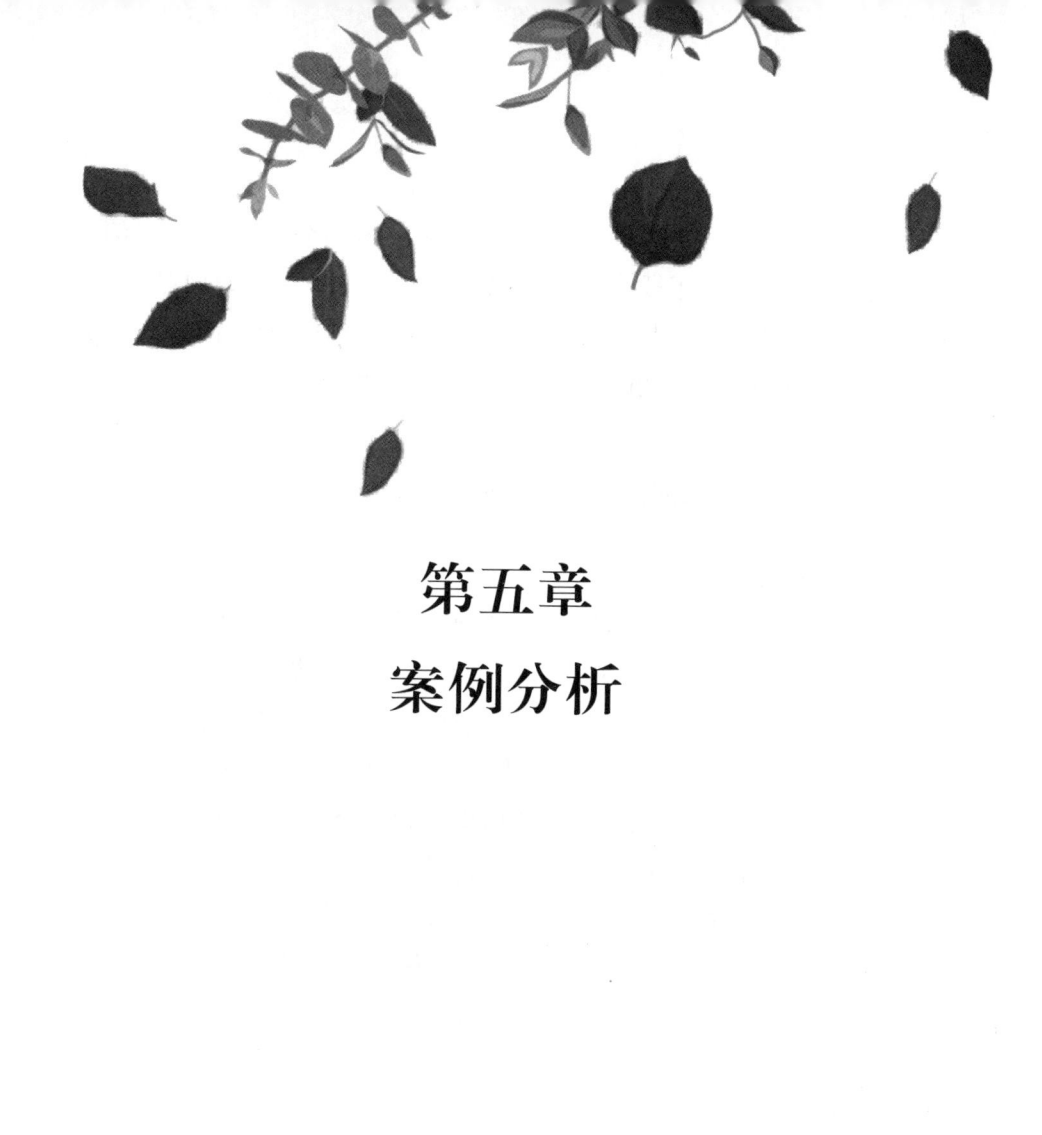

第五章
案例分析

本章分别选取了基于教材、绘本、报纸等的四个故事教学案例,从小学的低、中、高三个年段来进一步探究在故事教学中,如何基于单元整体教学、根据故事流程图,促进学生对故事内容的理解和对语言的运用,帮助学生深入了解故事材料的内涵,提升口头表达能力。

一、案例一:I Can Help(适用于小学一、二年级)

1. 故事分析

本故事是《悠游阅读成长计划》系列绘本故事之一,讲述了一只体形巨大、身体强壮的小怪兽用自己身体的各个部位帮助小动物,小动物们由最初的害怕他转为感谢他的有趣故事,体现了乐于助人、不能以貌取人的主题意义。故事配以鲜艳的图片,按照时间的先后顺序进行叙述,描述了"小动物害怕小怪兽—小怪兽帮助小动物—小动物感谢小怪兽"的过程。本故事引导学生通过使用核心句型"My... can help.",听懂、会说表示身体部位的词汇 nose、arm、head、foot。在观察图片的过程中激发阅读兴趣,通过预测、补白、复述、表演等活动操练语言,理解人物角色特征和故事蕴含的道理,进而联系实际,口头表达在生活中怎样助人。

2. 学情分析

优势:一、二年级的学生尚处于英语口语学习的起步阶段。这一年龄段的学生喜爱小动物,好奇心强,喜欢模仿,想象力丰富。他们的思维以形象思维为主,喜欢图画和表演。大多数学生已经听过与故事中表示身体部位的词汇相关的儿歌或歌谣。

劣势:一、二年级学生的注意力持续时间较短,主要靠无意记忆。因为尚处于学习起步阶段,听力和口头表达能力相对不足。

3. 教学目标

(1)能在图片的帮助下整体认读故事、理解故事内容;听懂、会说绘本中的核心词汇 nose、arm、head、foot、help;运用核心句型"My... can help."口头复述故事。

(2)能正确理解和有感情地朗读故事;发挥想象,口头猜测故事情节的发展;在教师和同学的帮助下表演故事;懂得帮助别人能使人快乐的道理。

(3) 能用已学语言口头表达自己的观点；逐渐养成爱质疑、爱思考的思维习惯。

4. 主要内容

> I Can Help
>
> My nose can help. My arm can help. My foot can help. My head can help. Thank you.

5. 教学重难点

(1) 教学重点：①能正确地理解并朗读绘本，并在教师的引导和帮助下尝试表演绘本故事。②养成注意观察、认真模仿、乐于表达的良好习惯和爱质疑、爱思考的思维习惯。

(2) 教学难点：养成注意观察、认真模仿、乐于表达的良好习惯和爱质疑、爱思考的思维习惯。

6. 教学资源

(1) 练习材料

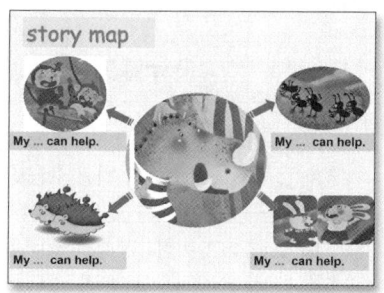

图 5.1

图 5.2

图 5.3

图 5.4

(2) 其他资源：*I Can Help* 动画视频

7. 教学过程

I. Before-reading	
教学活动	设计意图
Activity：Previewing language ● Sing the song and do the action. ● Let's do a Hocky Pocky Shake. ● Look and guess. T：Do you like animals? 　　Here are some animals. Please guess. 　　It is small. 　　Its head is small. 　　Its feet are big. 　　Its ears are big. 　　Its nose is long. 　　What animal is it?	通过唱歌、跳舞、猜谜等课前活动，激活词汇 nose、head、foot 等，为后续学习故事中的高频词作铺垫。
II. While-reading	
教学活动	设计意图
Activity 1：Comparing What animals can you see? Do you like ...？Why? T：Look at Daddy Rabbit. Is he happy? 　　Why is he sad? What can he see? 　　Here comes the monster. 　　(*The teacher describes the monster.*) 　　Read the cover (the title, the writer's name and the illustrator's name)	通过口头回答问题，观察绘本扉页中小动物们的不同表情，发现一只兔子与其他动物的表情不同，口头预测原因，引出封面主人公——小怪兽。口头区分和辨认标题、作者，以及扉页、封底等上的绘本要素。
Activity 2：Reading for the gist (skimming) ● Read and order the pictures. T：Do the animals like the monster?	在图片的帮助下整体浏览故事，对小动物出场的顺序口头排序。通过口头回答问题找准故事的冲突点。

续 表

II. While-reading	
教学活动	设计意图
Activity 3：Reading for specific information （1）Where are they? 　　What are they doing? 　　Are the monkeys happy? 　　Can they play on the swing? 　　What does the monster want to do? 　　How does the monster help them? （2）What can you see? 　　Do the rabbits like the carrots? 　　Who can help them? （3）What do the hedgehogs want to do? 　　Can they eat? Are they happy? 　　Who sees the hedgehogs? 　　How does the monster help them? （4）The animals get together. 　　What does the monster say?	问题引领，激发思维。观察图片，口头回答问题。针对小动物的情绪、习性等熟悉的内容表达自己的态度，如同意或不同意、喜欢或不喜欢等。用简单的语言口头猜测，想象故事的发展。
Activity 4：Reading Listen and read.	跟读句子，正确模仿语音语调，节奏正确、声音洪亮、情绪饱满，并在此过程中体会角色情感。

III. After-reading		
教学活动		设计意图
Activity 1：Role-playing		在朗读的基础上，通过小组合作分配角色并排练，表演故事。
Activity 2：Summarizing Talk about the characters.		口头讨论对人物形象的理解，联系生活实际，体会故事的寓意。
Assignment	1. Share the story. 2. Learn to be a helpful child.	根据线索口头分享故事。

III. After-reading	
教学活动	设计意图

Board design

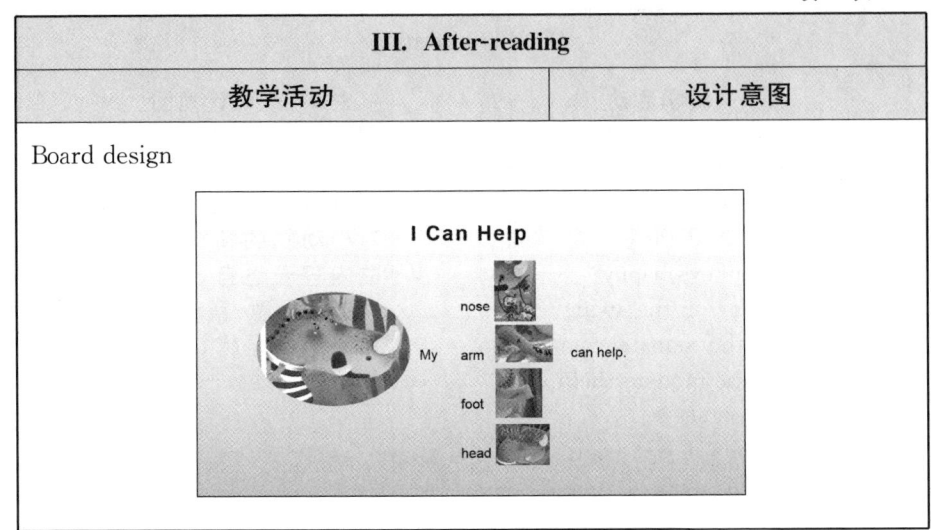

8. 课例评析

本案例的教学内容是一则基于绘本资源的故事。教师借助绘本鲜活的图片信息,通过图片环游展开教学。学生通过唱歌、猜谜等口头表达活动启动思维。在口头回答主问题之后,通过推测找准矛盾冲突点。在问题链的支撑下,学生口头回答、小组合作,根据故事情节的发展,理解人物在现实生活中的代表性。通过模仿原声、角色扮演,学生自由演绎。最后口头分析主要角色的形象,并联系现实,用自己简单的语言表达出"能帮助谁",体会故事所承载的现实意义。在学生发展听力、阅读、想象、合作等多种能力的同时,口头表达能力也得到极大提升。

二、案例二:Huge and Tiny(适用于小学三、四年级)

1. 故事分析

本故事是《悠游阅读成长计划》系列绘本故事之一。所配图片生动形象,突出了每个动物的外貌特点和性格特征,也通过面部表情和动作,体现主人公的心理变化。故事文本的显著特点是句型结构统一和语言不断复现。小学低年段的学生喜欢表演与模仿类活动,符合他们的认知特点。在语言表达活动中,可以让学生通过动作和语气展现犀牛横行霸道、以大欺小的特点,通过动作和表情表现出小动物们的恐惧不安和无能为力。由于故事的句型结构简单,学生可以进行流畅的口语表达,并在表演过程中加入情感。

在故事推进的过程中,有一只小苍蝇钻进了犀牛的耳朵里,奇痒难忍的犀牛不得不停了下来,由此也体现出这个绘本故事的价值导向——小动物可以击败大动物,不可以大欺小。动物不论大小,都可以和谐共处。故事的主线始终围绕"Who is huge? Who is tiny?"两个问题展开。从开始犀牛仗着自己体形大横冲直撞,到最后小苍蝇让大犀牛停下来,由此让学生表达观点与态度,自然生成自己的价值判断。在故事学习结束后,可让学生对故事进行续编,并与同伴口头互动,说一说自己可以做的一些力所能及的事情,将知识迁移到生活中去。在学习的过程中,学生有了语言的积累,语言运用能力也得到极大的提升。

2. 学情分析

优势:小学中高年段的学生对故事很感兴趣,喜欢图文并茂的阅读材料,愿意通过观察图片及预测故事情节进行学习。他们的思想天马行空,想象力也很丰富,愿意表演小故事,并乐于与他人合作和交流。

劣势:三年级是学生学习英语的起始年级。学生语言基础较为薄弱,语言表达的局限性较大,描述动物时一般只能从它的大小、颜色等表层特点入手。学生的语言积累不够,容易出现虽已理解但无法口头表达的情况。

3. 教学目标

(1) 能听、说、读 rhino、rabbit、deer、zebra、buffalo、stop、tickle、laugh。会运用"huge"和"tiny"口头描述事物的大小。熟练运用"I am a huge rhino. Get out of my way."等故事中出现的句子进行角色扮演。

(2) 能通过听音频、观看视频、角色扮演、小组讨论等方式学习绘本,理解其意义。通过续编故事锻炼语言表达能力,树立正确的价值观,明白自然界大小动物可以和谐共生的道理。

（3）能体会到小的动物也可以打败大的动物，不能以大欺小。动物不论大小都可以成为朋友，可以和谐共处。与生活实际相结合。

4. 主要内容

"I'm a huge rhino. Get out of my way!" says the rhino. "Help!" says the rabbit. "I'm a huge rhino. Get out of my way!" says the rhino. "Help!" says the deer. "I'm a huge rhino. Get out of my way!" says the rhino. "Help!" says the zebra. "I'm a huge rhino. Get out of my way!" says the rhino. "Help!" says the buffalo. The rhino stops. "That tickles!" says the rhino. A tiny fly is in the rhino's ear. "I am a tiny, tiny fly, but I can stop a huge rhino!" says the fly. And all the animals laugh!

5. 教学重难点

（1）教学重点：掌握故事中出现的词汇及句型，以及词汇的发音规律。通过口头表达动物们的对话，感受动物们的内心情感变化，生成除文本之外的语言。

（2）教学难点：①掌握 get out of my way 的发音。②在情节推进的过程中，猜测动物间的对话，促进语言的生成。③体会故事蕴含的寓意，并用学过的语言表述出来。

6. 教学资源

（1）练习材料

图 5.5

图 5.6

图 5.7

图 5.8

图 5.9

（2）其他资源：关于自然界中大动物或者小动物的视频和图片

7. 教学过程

I. Before-reading	
教学活动	设计意图
Activity 1：Brainstorming What animals do you see? What animals are huge? What animals are tiny?	播放自然界中的大、小动物，引出 Huge and Tiny 这一主题，激发学生已有语言。学生结合旧知，运用"… is huge/tiny."句型进行描述。
Activity 2：Making predictions Read the book cover. What do you hear? What do you see? What is the title of this book? Who is the writer? Who is the illustrator?	通过观察绘本封面并口头对故事情节进行适当预测和表述，学生对故事充满兴趣与期待。通过识别标题、作者名、插图作者名等，培养文本概念意识。
II. While-reading	
教学活动	设计意图
Activity 1：Reading for the gist and details What's the matter with the rhino?	通过对比两幅图片，预测犀牛为什么从之前的横冲直撞到最后的戛然而止，口头表达并对故事进行预测，引出整个故事的冲突点，激发继续读下去的兴趣。

续 表

II. While-reading	
教学活动	设计意图
Activity 2：Identifying problems and solutions Who is afraid of the huge rhino? What are they doing? What do they say?	整体感知故事,对之前的预测进行验证。观察图片,从动物们的表情和动作入手创编对话。在语音语调和动作中感受动物们的内心变化,促进语言的生成。
Activity 3：Reading for specific information Read from page 10 to page 13. Do they want to stop the rhino?	默读和朗读活动经历一个完整、充足、丰富的阅读体验。通过快速阅读找出故事中的关键信息,并运用故事中的语言口头回答老师提出的问题。
Activity 4：Summarizing What do you think of the rhino? What do you think of the fly? What is the title of the book? Do you have a new title for the book? Why?	在问题引领下,口头表达对犀牛与苍蝇这两个角色的看法,简单说明自己的喜好,提升情感认知。给故事续写结尾,促进语言迁移与创新。
Activity 5：Retelling Fill in the blanks and read.	学习文本之后,通过复述故事再一次整体感受文本,对反复出现的句式进行操练,检测语言能力和学习效果。
III. After-reading	
教学活动	设计意图
Activity：Making connections I am . . . , but I can . . .	联系生活实际,口头与伙伴进行互动,说一说在生活当中可以做的力所能及的事情,比如帮助家人做家务,以及做一些社区服务工作,为社会奉献爱心。通过学习故事感受到小动物也能做大事情。学生的语言表达能力与情感体会都有了很大的提升。

续 表

Assignment	1. Read this story with your family and friends. 2. Know more about huge or tiny animals in the world.
Board design	

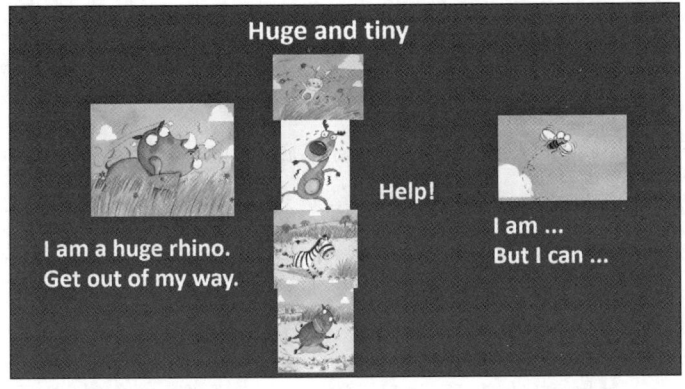

8. 课例评析

本案例的教学内容是一篇绘本故事。这是一篇语言不断重复的故事，内容不复杂，但句子较难上口。故事讲述了大动物如何与小动物和谐共处。由此可以延伸到我们的生活：虽然学生年纪尚小，却可以做一些自己力所能及的事情，或者有些孩子体形较为健硕，也不能欺负弱小的同学。三年级作为英语学习的起始年级，学生语言基础比较薄弱，语言积累还不足，所以他们在观察图片之后只可以用简单的形容词进行口头描述，且描述的语言比较单一。在情节推进的过程中，教师引导学生进行角色扮演，揣测人物的内心变化并口头表述，在语言上逐步有了量的积累，同时基于文本有了适当的语言拓展与生成。教师也通过图片环游和问题链的方式激活学生已有语言知识，为最后的语言输出做了充足的准备。最后，学生可以复述故事，创编对话，口头叙述自己的好恶，情感得到升华。此外，学生能正确认识自己，将语言学习与生活相结合，并与他人进行口头互动，充分发展语言表达能力。

三、案例三：Monster Reading Buddies（适用于小学五年级）

1. 故事分析

本故事取材于《学英语》太原专版，语言地道浅显，内容生动有趣，版面活泼新颖。本故事适用于五年级学生，主题为 Monster Reading Buddies，通过讲述怪物小伙伴到图书馆借书的故事，引导学生养成热爱阅读、乐于助人的好习惯。学生在故事语境中，分析故事、回答问题、进行角色扮演，体验主人公对书籍的喜爱。借助图片和故事地图，综合运用一般现在时和一般将来时复述故事，在阅读、思考、解决问题的同时，学生极大地提升了口头表达能力。

2. 学情分析

优势：经过之前的英语学习，学生已经具备一定的生活和学习体验，不但具有勤于思考、乐学善学的品质，又在英语课中培养了勇于质疑、大胆表达的能力。而在长期开展的大量合作学习活动中，学生能够仔细聆听、积极互动、善于合作，与同伴共成长同进步。这个年龄段的学生对阅读的兴趣逐渐浓厚，基本能运用一般现在时和一般将来时口头简单介绍和描述自己喜欢的书籍，并说明喜爱的理由，且能根据提示或帮助口头简单论述自己的看法。

劣势：本故事涉及到较多的句式结构，出现了一般现在时和一般将来时的混合运用，学生在口头描述时可能会有一定的表达逻辑条理上的困难。

3. 教学目标

（1）能在图片的帮助下整体认读、理解故事内容；能正确运用核心词汇 monster、buddy、wagon、pirate、stack 及相关句型进行角色扮演和口头复述故事。

（2）能通过上下文猜测词义，提取关键信息；学会分析问题、解决问题；通过故事地图深入解读故事，理解文本内涵，在此过程中形成一定的阅读策略。

（3）能在图片和故事地图的帮助下，口头简单表达自己的看法，养成爱阅读、爱思考、乐于助人的好习惯。

4. 主要内容

Monster Reading Buddies

Jupe loves to read. She goes to the library each Saturday. "I will read this pirate book," Jupe says. "I will read this book about ants," she says. Jupe stacks her books. Then, she looks for more books. "This whale book looks good," she says. "This joke book is funny," she says. It is the end of the day. The library is closing. Jupe uses her library card. Then, Jupe tries to pick up her stack of books. The stack is too heavy! "What will I do?" says Jupe. Jupe looks out of the library window. She sees Lurk. Lurk is pulling a wagon. "Can I put my books in your wagon?" asks Jupe. "Sure!" says Lurk. Jupe reads to Lurk as he pulls the wagon. She reads about pirates and ants. She reads jokes from her joke book. The next Saturday, Lurk gets his own library card. Now, they need two wagons!

5. 教学重难点

（1）教学重点：①正确理解、朗读故事，根据上下文猜测生词的词义。②口头有序地复述故事内容，发音清楚，基本达意。

（2）教学难点：stack 一词多义，有多种用法。故事中不同的时态综合使用，给学生在复述和表演故事时带来一定的困难。

6. 教学资源

（1）练习材料

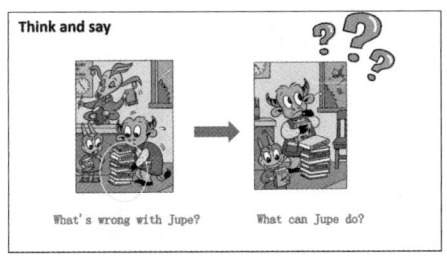

图 5.10

图 5.11

（2）其他资源：有关书籍的视频和图片

7. 教学过程

I. Before-reading	
教学活动	设计意图
Activity：Activating prior knowledge Do you like reading? What books do you like? Where can you read?	通过问题引领,激活对书籍和阅读的已有生活体验,并通过分享为后续的口头表达做好准备。
II. While-reading	
教学活动	设计意图
Activity 1：Previewing the text What's the story about? What do they like doing?	快速浏览故事,知晓故事大意,口头简单描述故事主人公的特征及爱好。
Activity 2：Reading for specific information (pictures 1-3) Where does Jupe go each Saturday? What books will Jupe read? Why? How does Jupe feel? Why?	通过精读提取关键信息,培养阅读策略;通过问题链引领,口头描述尤佩将要阅读的书籍,并尝试使用不同的句型结构来简单说明选择这些书的理由。通过观察图片、模仿朗读故事感受主人公内心的情感,在呼应故事开头的同时,为故事的发展埋下伏笔。
Activity 3：Identifying problems and solutions (pictures 4-9) What's wrong with Jupe? How does Jupe feel? What can Jupe do? What does Jupe do for Lurk? How do they feel?	通过图片环游了解故事情节,对比人物内心情感的变化,尝试发现问题、分析问题和解决问题,并能口头讲述,提升口头互动能力。通过听录音、模仿跟读,纠正语音语调,进一步梳理文本,感受故事主旨。
Activity 4：Making inferences What will Jupe/Lurk do next Saturday? How do they feel? What buddies are they?	激发推理、想象的能力,统整旧知,进行推断描述。揭示故事主题内涵。
Activity 5：Role-playing	进行故事的对话补白和角色扮演,关注语音语调以及人物内心情感,感悟助人为乐的精神以及阅读的魅力。

续 表

III. After-reading	
教学活动	设计意图
Activity 1: Retelling Retell the story with the key information on the blackboard.	以板书为支架,在老师的帮助下,口头复述故事内容,加深理解。
Activity 2: Making connections Do you like Jupe/Lurk? Why?	进一步将所学和实际生活相结合,尝试创造性地口头发表自己的观点和看法。
Assignment	1. Draw a story map for the story. 2. Share the story.

Board design

```
Monster Reading Buddies
Title
Characters    Jupe    Lurk        Settings    In the library
                                              On the way home
Beginning     Jupe loves to read. She will read ... ☺
Middle        Problem                    Solution
              The stack is too heavy!    Lurk has a wagon and helps Jupe.
              Jupe can not carry them.   Jupe reads to Lurk.
Ending        Jupe & Lurk read in the library together.
              They need two wagons.
```

8. 课例评析

本案例的教学内容是一则基于报刊的故事。在读前准备环节,通过讨论"喜欢读什么书?为什么要读书?喜欢去哪里读书?"激活学生的背景知识,激发他们口头表达的欲望。在读中环节,通过观察图片获取信息,理解故事大意,用不同的句型表达唤醒已知;之后通过问题链梳理故事内容,感知、理解尤佩因喜欢阅读而借了太多书,因而自己无法搬回家,体会她从开心到发愁的心理变化过程;通过模仿朗读,进一步体验尤佩的内心变化,积累表达语言;在发现尤佩面临的问题后,展开讨论,综合运用语言进行猜测和联想;最后通过补充对白和角色扮演,进一步加深理解故事内容,充实口头表达的语言材料,体会到了朋友之间的关爱和正面的相互影响。在读后环节,学生依据故事地图式的板书复述故事,达到对故事整体架构和主题内涵的深度理解。

四、案例四:Rudolf's big, red nose(适用于小学六年级)

1. 故事分析

这是教材六年级下册 Unit 11 Read a story 板块的故事。故事主题是圣诞节,即《鲁道夫的大红鼻子》。故事文本以鲁道夫的心情变化为主线,复习一般过去时态,又融入一般现在时态,通过两种不同时态的综合运用,呈现故事人物内心情感的变化。学生在图片的帮助下更好地理解故事语言和内容,并能口头叙述故事,以及再构文本编演小故事。在此过程中,学生关注语音,了解西方节日文化,进一步理解故事蕴含的道理,并能口头表述自己的观点和看法,即:自己与众不同的地方也许是自己最大的优点,学会正视和接纳自我。

2. 学情分析

优势:经过三年半的英语学习,学生已有一定的知识储备和生活经验,有一定的语言积累;学习特征从具体形象走向抽象化;口头表达能力基本达到《课程标准》二级水平,开始乐于参与有思维含量的口头表达,能对发生的事件进行简单的口头询问;能运用一般现在时口头描述日常活动,能口头介绍中国的传统节日及相关习俗;能用一般过去时口头描述过去发生的事件;能根据提示或帮助口头表达自己的喜好并简单论述自己的看法。

劣势:本单元涉及到较多的专有名词、西方节日背景知识和不同的句型结构。学生对此了解和掌握的程度不同,在口头连续、完整描述节日时可能会有一定的困难。故事中涉及到一般过去时动词不规则变化,学生在口头叙述故事时可能会有一定困难。有些学生由于能力或性格原因不太积极主动参与口头表达。

3. 单元目标

(1)能正确运用核心词汇和句型"At..., people usually..."口头介绍四个重要的西方节日——复活节、万圣节、感恩节和圣诞节;综合口头描述自己最喜欢的节日,并对西方节日文化背景有一定了解。

（2）能通过图片环游,基于自主学习和小组合作学习,提取关键信息,学会辩证思考,体会人物情感,多角度深入解读故事,理解故事寓意。

（3）能在图片的帮助下,运用核心语言框架口头叙述并表演故事,提升阅读素养。

4. 课时划分

	第一课时	第二课时（故事教学）
课时目标	1. 能在口头互动、谈论西方节日的语境中听懂介绍西方节日的小短文,复习相关核心词汇。 2. 能正确运用核心词汇和句型"At Easter, children usually eat chocolate eggs. Halloween is on 31st October. Trick or treat?"等口头描述复活节、万圣节、感恩节和圣诞节,包括节日日期和主要活动等,了解西方主要节日风俗文化。 3. 了解英语中的连读现象,并在朗读或口头表达时正确处理需要连读的音。	1. 能在故事的语境中理解bright、laugh at 和日常口头表达用语"Is that you?"的内涵;能够在图片、单词和句子的提示下口头叙述并表演故事。 2. 在阅读故事的过程中,通过模仿、朗读、口头描述提升口头表达能力。通过体验人物对白、猜测、推理、辨析,深入理解主人公的情感变化,提升阅读素养和思维品质。 3. 通过口头论述自己的观点深入理解故事内涵,学会正视、接纳和尊重差异。
主要内容	• Listen and say • Look and learn • Make and say • Learn the sounds	• Read a story • Sing a song
材料来源	• 教材文本 • 教师用书 • 网络音频、视频	• 教材文本 • 教师用书 • 英文原声电影 Rudolph • 自编文本

5. 第二课时教学重难点

（1）教学重点：①能够在图片、单词和句子的提示下,口头叙述并表演故事。②理解故事内容,并在故事学习中理解其中蕴含的道理。

(2) 教学难点:①在阅读故事的过程中,掌握一定的阅读策略。②通过梳理故事情节,提升推理、辩证、归纳等思维品质。

6. 教学资源

(1) 学习文本

图 5.12

(2) 练习材料

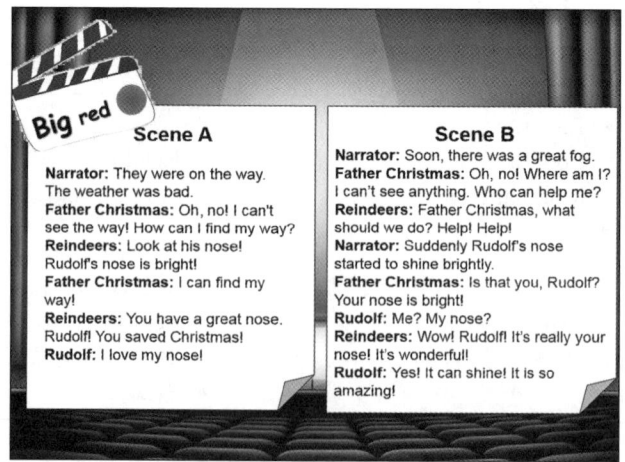

图 5.13

(3) 其他资源：英文原声电影 *Rudolph*

7. 教学过程

I. Before-reading	
教学活动	设计意图
Activity 1：Brainstorming What festivals are they?	通过头脑风暴口头猜测节日，激活节日相关的背景知识，进入单元主题；唤醒已有知识储备，将旧知与新知建立联系，为口头表达做准备。
Activity 2：Activating prior knowledge Who are they? What are they doing? Which reindeer is different? Why?	

II. While-reading	
教学活动	设计意图
Activity 1：Comparing and contrasting How did this reindeer feel? Why? What happened?	初读图片，观察比较，口头描述鲁道夫的不同之处及其情感变化过程，整体感知故事；口头分析、猜测发生变化的原因，巧设悬念，激发口头表达动机。
Activity 2：Reading for specific information When was it? What did Father Christmas do? What did Rudolf and his friends do?	在图片的帮助下，提取细节信息，模仿朗读，问答，口头描述故事发生的背景。
Activity 3：Identifying problems and solutions What happened? Could Father Christmas find his way? Why? Who helped Father Christmas? How? What did they say?	通过观察图片和回答问题，口头预测故事情节发展；结合故事的上下文和自己的体验，想象并尝试口头补充角色的台词，深入剖析角色特征，体会人物内心变化，口头说明问题是如何解决的。
Activity 4：Role-playing Watch the film and act out the story.	在观看电影片段后，结合已有的语言知识和对故事的理解，在语言支架的帮助下，创造性地表演故事片段，再次体会人物情感的变化，同时领悟其中的寓意。

续 表

III. After-reading	
教学活动	设计意图
Activity 1：Retelling Retell the story with the help of the board design.	根据板书提示提炼核心语言框架，准确、精练、有逻辑地口头复述故事。
Activity 2：Summarizing Do you love Rudolf? Why?	在准确理解故事的基础上结合自身的生活经验，口头表述自己的观点并说明原因；通过讨论、交流、归纳故事寓意，加深口头表达的思维性和创造性。
Assignment	1. Get more information about Rudolf on the Internet. 2. What might happen next? Write a new story and act it out.	鼓励学生口头改编或创编故事，将口头表达能力的提升延续到课后。

Board design

8. 课例评析

本案例的教学内容是来源于教材的一则故事。在基于单元整体教学的前提下，依照故事流程图展开教学。教师通过激活背景知识、巧设悬念、设置问题链激发学生口头表达的欲望。在进行分析、比较，对问题进行判断推理后，通过模仿、朗读、补充台词、角色表演等，学生表演故事矛盾冲突点，进一步梳理故事情节、体会人物情感，最终在图片的帮助下,提炼关键语句,融合基础信息,口头复述故事,以及发表个人观点并论述具体原因。学生从上课前只会只言片语到下课时完整地口头叙述故事,实现了有条理的、完整的、丰富的口头表达。本案例中每个环节的教学活动都指向实现单元话题下的语用任务,层层推进语言教学,在培养学生批判性思维、良好的学习习惯和正确的情感态度的同时,有效提高了他们的口头表达能力。

 小结

由此可见,无论是哪种来源的故事,若在教学中采用设置问题链和设计功能性板书等方式,就能够帮助学生梳理关键信息,提纲挈领地理解故事,有效地抓住故事的精髓,进而对文本内容进行准确的口头表达。

参考文献

[1] 卜玉华."新基础教育"外语教学改革指导纲要(英语)[M].桂林：广西师范大学出版社,2009.
[2] 陈立.小学高年级阶段英语故事教学[J].山东师范大学外国语学院学报：基础英语教育,2005(4)：78-80.
[3] 陈琦.教育心理学[M].北京：高等教育出版社,2001.
[4] 李静纯.小学英语故事教学[M].北京：外语教学与研究出版社,2013.
[5] 吕叔湘.中国人学英语[M].北京：中国社会科学出版社,2005.
[6] 潘晟.基于语言教学的多模态故事文本分析[D].上海：华东师范大学,2017.
[7] 钱佳欣,王春辉.美国小学英语故事教学及其启示[J].英语学习,2019,(6)：57-61.
[8] 任瑾.故事式教学方法对小学生英语学习兴趣转化的实验研究[D].甘肃：天水师范学院,2019.
[9] 施嘉平.小学英语课堂教学设计[M].上海：上海教育出版社,2010.
[10] 施嘉平.基于单元整体设计背景下的小学英语阅读课的设计[R].2019.
[11] 托夫勒.未来的冲击[M].蔡伸章译.北京：中信出版社,2006.
[12] 王蔷.英语教学法教程[M].北京：高等教育出版社,2000.
[13] 王蔷,敖娜仁图雅,罗少茜,等.小学英语分级阅读教学：意义、内涵与途径[M].北京：外语教学与研究出版社,2017.
[14] 王蔷,胡亚琳.英语学科能力及其表现研究[J].教育学报,2017,13(2)：61-70.
[15] 王蔷,钱小芳,周敏.英语教学中语篇研读的意义与方法[J].外语教育研究前沿,2019,2(2)：40-47,92.
[16] 韦薇.小学英语单元整体教学研究[J].教育实践与研究,2013,(1)：51-53.
[17] 吴庄,文卫平.英语专业本科生的第二语言交际意愿——社会环境、动机指向、性格与情感意识的影响[J].外语教学理论与实践,2009,(1)：32-35.
[18] 许道军."故事"是什么：论故事材质[J].写作,2016,(1)：15-19,41.
[19] 薛莲花.小学英语故事式教学方法对学生学习兴趣和学业成绩的影响研究[D].上海：上海师范大学,2013.
[20] 余素珍.小学英语的故事教学[J].黑龙江教育：小学文选,2005,(1)：64-66.
[21] 中华人民共和国教育部.教育部办公厅关于印发《中国英语能力等级量表》的通知[EB/OL].[2018-04-13].http://www.moe.gov.cn/srcsite/A19/s229/201804/t20180416_333315.html.
[22] 中华人民共和国教育部.义务教育英语课程标准(2022版)[S].北京：北京师范大

学出版社,2022.
[23] 朱培育.基于学生综合能力培养的英语故事教学法探究[J].育才方略研究,2019,(35):92-93.
[24] 朱浦.小学英语教学关键问题指导[M].北京:高等教育出版社,2016.
[25] Burke, K. A Grammar of Motives [M]. Berkeley: University of California Press, 1969.
[26] Hughes Rebecca. Teaching and Researching Speaking [M].北京:外语教学与研究出版社,2005.
[27] Savignon, S. J. Communicative language teaching: state of the art [J]. TESOL Quarterly, 1991,(25):261-275.
[28] Saville-Troike, M. and Barto, K. Introducing Second Language Acquisition (3rd ed.) [M]. New York: Cambridge University Press, 2017.